知っておきたい「酒」の世界史

宮崎正勝

角川文庫
14745

知っておきたい「酒」の世界史

目次

参考文献

219

はじめに

世界の酒は区分けできるのか

行きつけのバーのマスターが、ひとしきりギリシアの酒「ウゾ」の説明をした後、「酒で世界史が語れますか」とポツリと言った。カウンターの彼方《かなた》の棚に目をやると、スコッチ、バーボン、カナディアン・クラブ、コニャック、ジン、ウオッカ、ラム、ワインなど世界各地の酒がきれいに仲良く並んでいる。「ここにも、生きた世界の歴史があるんだ」と、私は新鮮な気分になった。

酒場はいつもインターナショナル、いや今流にいえばグローバルである。

残されている記録はさほど多くはないが、酒の種類は無数で、歴史も長い。そして現在、世界中には人間の憂いと同じぐらいとはいえないまでも、多種多様の酒が存在している。

グラスを満たす酒を主人公にして、人類の歴史を振り返ってみるとどうなるのだろうかと考えた。もちろん酒をつくるのは人間であり、酒を飲むのも人間である。日本では、酒は「栄之水《さかえのみず》」の「栄」が省略されて「サケ」になったとか、「栄のキ（お神酒《みき》のキ）」が詰まってサキになり、それが転じてサケになったとか、「邪気を避ける」の「避け」がサケになったなどの説があり、酒の語源はどうもはっきりしない。しかし、いずれの説でも、日本ではサケは肯定的なイメージでとらえられている。中国にも、酒は「天の美禄《びろく》」というような記述がある。

手はじめに無数にある世界の酒を整理してみると、(一)酵母が糖分をアルコール発酵させた「醸造酒」、(二)醸造酒を蒸留してアルコール純度を高めた「蒸留酒」、(三)蒸留酒などにハーブ、スパイスなどを混入させた「混成酒」、の三種類に分けられる。(一)は、蒸留器を利用しておらず、(二)(三)は蒸留器を通した酒がベースになる。しかし、いずれにしても酒をつくるのは酵母という微生物であり、人間は「発酵の場」を設定するにすぎないことはまちがいない。直径二〇〇分の一ミリ程度の微生物、酵母による糖分の分解、つまり「アルコール発酵(alcoholic fermentation)」がすべての酒を生み出すのである。酒は、神秘的な自然の営みにより醸されるとみなされてきたが、微視的にみれば一種の「農業」ともとらえうる。自然界にある特殊な微生物「酵母」の営みを経験的に理解した人類が、酵母を増殖させ、巧みに利用しているのである。

酒文化の五つの整理棚

生活のなかで「発酵」という神秘現象を知った人類は、多様な酒を手にすることができるようになった。時代を追うにつれて酒のつくり方は洗練され、種類が増していく。世界の歴史は、(一)長期におよぶ狩猟・採集の時期、(二)農耕の開始と都市の出現の時期、(三)ユーラシア諸文明の大交流期(七―一四世紀)、(四)大航海時代すなわち新旧両大陸の大交流期(一五―一七世紀)、(五)産業革命以後の時期に区分されるが、その区分は酒文化の変容のプロセスにそのまま重なる。

簡単にスケッチしてみると、(一)の時期にはブドウ、ヤシ、蜂蜜《はちみつ》などの自然界に存在する糖分の多い素材を発酵させる「醸造酒」がつくられはじめ、(二)の時期には穀物を糖化させた後に発酵させ、大量の醸造酒をつくる技術が開発され、酒が大衆化する。(三)の時期には、九世紀に「蒸留器」がイスラーム世界で発達し、それが東西にひろがってアラック、焼酎《しようちゆう》、ウオッカ、ウイスキー、ブランデーなどの多種類の蒸留酒が誕生する。(四)の時期には、一六世紀の「大航海時代」以降に新旧両大陸の酒文化の交流が進み、海の世界がもたらす香辛料・果物などが酒文化と深くかかわるようになり、「混成酒」が多様化する。(五)の産業革命後の一九世紀には「連続蒸留器」が出現して酒の大量生産が始まり、商品としての酒が大規模生産されるようになる。二〇世紀以降は、複数の酒、ジュース、果物などを組み合わせる「カクテル」が成長し、その種類を増していく。いうならば、酒文化のグローバル化である。

時代が次々に生み出した酒文化は時の流れのなかで重層的に積み重ねられ、組み合わされ、洗練化されて現在の酒の世界をつくり上げてきたことがわかる。人類の歩みと酒の歩みを重ね合わせてイメージすると、酒も人類文化の一部分であることが明らかになる。

酒は人を神の世界へと誘った

酒の存在は、狩猟・採集時代からすでに知られていた。発酵は自然界では日常的にみられる微生物の営みであり、なんの変哲もない出来事である。猿が木の窪《くぼ》みなどに蓄えていた果物が自然発酵して酒になるという、各地に伝わる「猿酒」の伝承は、酒が偶然に発見されたことをイメージさせる。人類が最初につくった酒は蜂蜜酒だという説もあるが、確かめる術《すべ》がない。

アルコール発酵にはじめて出あった人間は、おっかなびっくり芳香を放ちながら腐っていく液体をなめてみたことであろう。すべては「生物《なまもの》」、タイミングのよい出あいがアルコールの世界への扉を開いたようである。「酔い」という高揚感を知った人間は、その摩《ま》訶《か》不思議な液体に魅了され、ぜひ自分の手でつくってみたいと考えるようになる。やってみると、「発酵の場」を人工的につくることはさほど難しいことではなかった。たとえば、糖分を豊かに含んでいるブドウは、容器に入れておくだけで、果皮についている天然酵母の働きで自然に発酵してしまう。生物界では腐食が日常茶飯事であるが、アルコール発酵も腐敗のプロセスにほかならないのである。

酒がもたらす「酔い」は、大昔の人々にはとても理解できない体験だった。快感、幻想、幻覚、目眩《めまい》を伴いながら、人々は非日常的な世界へと誘われていく。「酔い」の体験を、人は「神と接する」「神になる」など、神と結びつけて解釈するしかなかった。そうしたかたちでしか非日常的な「酔い」を得心できなかったのである。

原始信仰にはアニミズム（精霊崇拝）、シャーマニズム、トーテミズムなどがある。そのうち飲酒と結びつきやすかったのがシャーマニズムだった。シャーマニズムとは、特別の人（シャーマン）に動物（後には神）の魂が乗り移り、その口を借りて動物や神の意志を告げるという信仰のかたちである。シャーマンに動物の魂や神が乗り移る現象は、人の神経を一時的に高揚させマヒさせる嗜好品《しこうひん》や酒の仲介がなければ説明できない。

シャーマンは、神や動物の霊の意志を告げることができる特別なパワーをもち、簡単にトランス状態に入れたが、シャーマンの恍惚《こうこつ》とした気分（エクスタシー）は「酔い」がもたらす興奮によく似ていた。人は日常生活の壁を軽々と乗り越えさせる酒が醸し出す気分を、神の世界への道案内と感じたのである。ちなみに「シャーマン」とは、森で生活するツングース系の人々が「呪術師《じゆじゆつし》」を指した言葉「サマン」に由来する。

ちなみに「鬼道」で衆を惑わした邪馬台国《やまたいこく》の卑弥呼《ひみこ》（三世紀）も、シャーマンだったとされる。『魏志倭人伝《ぎしわじんでん》』は倭人が大変に酒好きで、葬礼の際などにもさかんに酒を飲んだと記しているが、卑弥呼はどのように酒を嗜《たしな》んだのであろうか。邪馬台国の酒がどのようなものであったかは定かでないが、縄文時代には山ブドウなどを発酵させた酒が飲まれていたことがわかっている。

インドラ神を勇猛にしたソーマ酒

古代インドのバラモン教の聖典『ヴェーダ』は、今から三〇〇〇年前につくられた祭式用の呪文集である。バラモン教では多くの神々が敬われたが、「火の神」アグニと並んで「酒の神」ソーマは人間にもっとも近い神とされた。「ソーマ」は祭式の際に供物として捧《ささ》げられた強力な酒だったが、同時に酒が神格化された神でもあった。主神であり雷霆《らいてい》の神でもあるインドラ神が悪鬼ブリトラと戦ったとき、インドラ神は「ソーマ」を飲んで狂ったような勇猛心を身につけ、ブリトラを打ち倒したとされている。「ソーマ」は、神々と人に多大のエネルギーと霊感を与えるパワフルな飲みものだったのである。

「循環する時間」の更新を図るソーマ祭という祭りでも、「ソーマ」は供物として神々に供えられた。酒は、「時間」にも活力を与える精力剤とみなされていたのである。「ソーマ」はくだかれ、圧搾され、濾過《ろか》された後、水や牛乳に混ぜられて祭火に注がれ、残りは神官たちに飲まれたといわれる。「ソーマ」は、神官にも特別の力を与える飲料とされたのである。

ちなみに「ソーマ」というのは謎の多い飲料である。興奮性の強い成分を含む植物の茎

（たぶんヒルガオ科の植物のツル）を水に浸して搾り、牛乳などを混ぜてつくった酒だとも、蜂蜜酒ミードだともベニテングダケだともいわれるが、実際のところはよくわかっていない。古代ペルシアで信仰されたゾロアスター教で用いられたハオマも、同様の酒と考えられている。

穀物酒は食物のカス？

酩酊《めいてい》することの楽しさが知れわたると、神官層による酒の独占がくずれていった。日常生活にも酒が浸透するようになったのである。穀類から大量に酒をつくることが可能になると、一挙に飲酒の大衆化が進んだ。しかし、ルーズな生活につながりやすい日常の飲酒は、卑しい因習とされ、祭式での神聖な飲酒とは厳格に区別された。

『リグ・ヴェーダ』には、大麦、米、豆などの麦芽を米や大麦の粥《かゆ》と混ぜて発酵させた「スラー」という世俗的な酒が登場する。スラーは「食べ物のカス」「虚偽」などと呼ばれ、軽蔑《けいべつ》すべき酒として扱われた。特権層が、「酔い」を独占して自分たちを権威づけたかったのかもしれない。インドではこうした世俗的飲酒を蔑視する習慣が現在にも引き継がれており、飲酒は歓迎されない。現在でも州ごとに、ドライ・デーと呼ばれる禁酒日が設けられている。インド人の酒嫌いは約二〇〇〇年ぐらい前につくられた『マヌ法典』が、「スラー酒は食物のカスにして、それを罪という。故にバラモン、クシャトリア、ヴァイシャはスラー酒を飲んではいけない」と記したことに由来する。奴隷身分のシュードラにのみ飲酒が許されるというのは、どういうことであろうか。それにしても、インドでは「嫌酒」という特別な価値意識が二〇〇〇年も生き続けてきたのであるから、その宗教の底力たるや恐るべきものがある。そうした酒に対する認識は、古代ペルシアも同じだった。霊酒ハオマは神聖な酒として尊ばれたが、酒一般は、悪神アエーシュマ（「狂暴」の意味）がもたらしたもので、粗暴な行為を生み出す悪魔の飲みものとして位置づけられたのである。

ところでインドの古文献には、大麦でつくる「コホラ」という酒も登場する。一説ではイスラーム教徒がこの言葉にアラビア語の定冠詞「アル（al）」をつけて「アルコール（al-kohl）」という言葉をつくり、ヨーロッパに伝えたという説がある。確かにアルコールの語源はアラビア語だが、kohl は「微粉末」の意味で蒸留により生み出された「精製物」を指すとする説のほうが有力である。

第一章　酒との幸せな出会い

多様な風土からのプレゼント

今から五〇〇万年前に東アフリカの大地溝帯に誕生した人類は、長い歳月をかけて地球上に拡散した。気候、地形、植生が複雑に組み合わされた多様な風土のもとで生活するようになったのである。やがて人類は、温帯の平野・森林地帯・山岳地帯、乾燥地帯の大草原・砂漠、熱帯の平野などで、アルコール発酵しやすいブドウ・リンゴ・アンズなどの果実、ヤシやタケなどの樹液、蜂蜜《はちみつ》、馬・ヤギ・牛などの家畜の乳を利用したさまざまな醸造酒をつくるようになる。自然界はさまざまなアルコール発酵で満ちあふれていたのである。

それぞれの文化、文明は固有の酒をもつが、みずからの「発見」であったり、他地域からの醸造法の「伝播《でんぱ》」であったり、酒が文化・文明と結びつくプロセスは多様であり、醸造法が確立された時期もさまざまであった。ここでは、ミード、ワイン、馬乳酒、ヤシ酒についてみていくことにしたい。

I　最古の歴史をもつ蜂蜜酒ミード

再生と聖化の酒

人類は、自然界の発酵に慣れ親しむとやがて人工的に発酵を演じさせ、望む質の酒をつくるようになった。特定の条件を与えれば酵母は発酵をスタートさせるので、醸造はそれほど難しい営みではないのである。人類は、ブドウ、リンゴ、サクランボ、ヤシ、蜂蜜、馬乳などの糖分の多い素材を酒の原料として探しだし、発酵を生活のなかに囲い込んだ。人々は試行錯誤を積み重ねながら醸造方法を確立し、酒を楽しむようになったのである。しかし、原料が量的に限られているという難点があった。ミードの原料の蜂蜜をつくる成虫のミツバチにしたところで、ふつうは六週間程度しか生きられないのである。

温帯を代表するミードは、水に溶かした蜂蜜を発酵させてつくる蜂蜜酒である。ミードには、ハーブや香辛料を加える「ドライ・ミード」、リンゴの果汁を加える「シーサー」、ジャムを加える「メロメル」など多様な楽しみ方がある。

蜂蜜は、いうまでもなくミツバチが花の蜜を集め、体内の酵素で分解した液体である。

色や香りが多種多様な蜂蜜は、ブドウ糖のほかに各種のビタミン、ミネラルを含む栄養源として古くから知られていた。スペイン北部のアルタミラの洞窟《どうくつ》の壁面に蜂蜜採取の情景が描かれていることから、一万五〇〇〇年前頃には蜂蜜がすでに採取されていたことがわかる。

ただ蜂蜜は糖分濃度が濃すぎたためにそのままでは発酵せず、蜂蜜酒をつくるには水を加え、三倍ぐらいに薄める必要があった。そうすれば一定期間放置するだけで蜂蜜酒が得られたのである。蜂蜜酒の製法は、きわめて簡単だったといえる。

蜂蜜は防腐作用をもつことから「再生」にかかわる物質とみなされた。バビロニアでは死者を蜂蜜漬けにして、再生が祈願された。古代エジプトでは神官などの特権層にのみその摂取が認められ、古代ギリシアの主神ゼウスはクレタ島の洞窟でニンフ（妖精《ようせい》）により、蜂蜜とヤギの乳で育てられたとされている。また古代のスカンジナビア人は、頭蓋骨《ずがいこつ》でつくった杯を手に主神オーディンの前でミードを飲み、極楽に蘇《よみがえ》ることを祈った。「新大陸」でも、メキシコのインディオなどが古い時代から宗教儀式に蜂蜜酒を使っていたとされる。いずれにしても簡単につくれる蜂蜜酒は、人類最古の酒ともみなされているのである。

「ハネムーン」の本当の意味

蜂蜜（ハニー）で連想されるのが、新婚を意味するハネムーン（honey moon、蜜月）である。この言葉は蜂蜜酒からでた言葉であるが、今や蜂蜜酒よりも一般的な言葉になっている。

古代から中世初期のゲルマン人の社会では、蜂蜜酒がビールと並んでさかんに飲まれた。新婚の一か月間を「ハネムーン（蜜月）」と呼ぶことがあるが、それは「蜂蜜の一か月」の意味である。中世ゲルマン社会では、結婚したあとに新婦が一か月の間家に閉じこもって蜂蜜を新郎に飲ませて子づくりに励むという風習があり、それにちなんで「ハネムーン」という言葉が生まれたとされる。ちなみに陰暦の一か月間は女性の月経の周期と同じ長さであり、この期間に花婿が花嫁と交わり続ければ子供ができると考えられていたのである。確かに蜂蜜は栄養価が一キログラムあたり二九四〇キロカロリーと高く、強壮作用がある。ミードも滋養強壮剤として病後の回復、疲労回復のためなどにさかんに飲まれた。そうした蜂蜜の強壮作用が注目されたことも確かだろうが、ミツバチの多産性が重視されたともいわれている。ちなみに若いミツバチが女王バチの食用あるいは女王バチの幼虫の餌として分泌するローヤルゼリーは、女王バチに毎日二〇〇〇個のタマゴを産む力を与えるというから大変なものである。ハネムーンはどうも、新婚生活が蜜のように甘いという意味ではないらしい。

2　果実酒のチャンピオンになったワイン

香りと味と色合いの複雑さ

自然界にある果実を原料とする酒の代表格は、なんといっても西アジアからヨーロッパにかけて広く普及したワインであろう。ワインは現在六〇か国以上でつくられており、年間生産量は三〇〇〇万キロリットル以上にもおよぶとされる。ワインの生産量はビールと比べると約五分の一だが、それでも大変な量であり、酒文化の主役のひとつなのである。ワイン消費量がもっとも多い国はイタリア、フランスで、この二国だけで実に世界のブドウの約四割が消費されているという。ちなみにブドウの原産地はカスピ海の沿岸とされ、鳥などにより種が地中海沿岸など各地に運ばれたとも説明される。地中海各地のブドウ栽培技術はフェニキア人が伝えたと考えられている。

ブドウからつくる果実酒ワインは、ブーケ（発酵と熟成から生じる香り）とアロマ（ブドウ自身がもつ芳香）などの複合的な香り、酸味・甘み・渋み（核に含まれるタンニン）などの複雑な味わい、口の中にひろがるふくよかさ（ボディ）、色合い、などが好まれ、今や世界中にひろがっている。

しかし、かつてのワインはきわめてローカルな酒だった。というのはブドウの実の腐敗が早いため、産地が限定されていたのである。ワインを醸造するには、成熟したブドウの実を破砕し、速やかに発酵させることが必要になった。そのために原料のブドウの長距離輸送は難しく、ワインは土地に密着した酒にならざるをえなかったのである。「ワインは風土を飲むものだ」という諺《ことわざ》は、そうしたワインの性質を端的に物語っている。

血と蘇りのイメージ

ブドウからつくる「ワイン」がもてはやされた理由のひとつは、ワインの鮮血のような赤い色にあった。鮮やかな色彩が人々の心を引きつけてやまなかったのである。本来なら腐って干からびてしまう「ブドウ」が、ブクブク泡を立てながら赤い液体として蘇《よみがえ》るのだから、古代の人々が「ワイン」に「血」「生命」「不死」などのイメージをダブらせたのもわかるような気がする。

ワインの醸造法は、黒海とカスピ海の間のコーカサス地方から周辺地域に伝えられた。七四〇〇年前のイラン北部ザクロス山脈のハッジ・フィルズ・テペの遺跡から出土した壺《つぼ》の破片からは、早くもワインの残滓《ざんし》が発見されている。その後、ワインは六〇〇〇年から四〇〇〇年前にかけてメソポタミア、古代エジプトに伝えられた。メソポタミア文明の担い手シュメール人はワインを「ゲスチン」と呼び、神が「みずからの血＝ワイン」と粘土を混ぜ合わせることで人間をつくり出したと説明した。ワインが血液となって粘土でつくった肉体に生気を与え、蘇らせたというのである。

古代エジプトでは、太陽神ラーが人の血を貪《むさぼ》る天空神ハトホル（獰猛《どうもう》なライオンとなって人間の血肉を貪る神であり、のちにアフロディテ、ヴィーナスに姿を変えて信仰される）から人々を守るために、血の色をした「ワイン」をつくったと説明された。

地の神セブと空の神ヌトの不義の子であり、地上界を支配するホルス神の父親でもある農耕神のオシリスが「ワイン」を生み出したとする説もある。文化人類学者フレーザーは名著『金枝篇《きんしへん》』のなかで、「オシリースは地の王として治め、エジプト人を野蛮人から教化して律法を与え、神々を礼拝することを教えた。エジプト人は彼の時代までは食人族であった。ところがオシリースの妹であってまたその妻でもあったイーシスは、大麦と小麦の野生しているのを発見し、オシリースはこの穀物の栽培法を民の間にひろめた。そのち民は食人の習慣をやめ、自然に穀物食を好むようになったのである。さらにオシリースは、樹から果実をあつめ、ブドウを棚に匍い上がらせて栽培し、ブドウの実を踏んで酒をつくった最初の者であったといわれている。彼はこのような仁慈の発見を全人類に伝えようとする熱心のあまり、エジプトの政治をあげて妻のイーシスに委ね、自分は世界全土を遍歴して行く先々に文明と農業の祝福を伝えた」（永橋卓介訳）と記している。

冬枯れの大地が春になって沃野《よくや》に生まれ変わる現象は、古代人にとってはなんとも感動的な現象であり、そこから死から蘇るオシリスの神話が生み出された。そうしたイメージが、ワインの製造過程に重ね合わされたのである。

エジプトのナクト墳墓の壁画には、ブドウ摘みからワインづくりにいたる一連の過程が克明に描かれており、四〇〇〇年以上前にすでにワインづくりが普及していたことが理解できる。黄金のマスクで有名なツタンカーメン王（前一三五四頃―前一三四五）の副葬品の壺からもワインが検出されているという。

ワインの神ディオニソスの悲しい恋

エジプトからクレタ島、フェニキアの港ビブロスなどを経由し、地中海周辺にワインの製造技術が伝えられていった。ギリシアではブドウを松ヤニを塗った大きな桶《おけ》で発酵させ、ハーブ、スパイス、濃い海水を加えてワインに仕立てあげ、動物の皮やアンフォラ（貯蔵用の壺）に入れて売りに出した。アンフォラは、二つの取っ手がつき、先のとがった奇妙な形をした壺であり、馬の鞍《くら》に吊《つ》り下げて運ばれた。

ギリシア人は、ワインを収穫神ディオニソス（ローマではバッカスと呼ばれる）と結びつけ、ディオニソスをワインの神、酩酊《めいてい》の神と考えた。蘇りの力をもつディオニソスの「血」、ワインを飲めば人間が壮健になり、ブドウがワインとして再生されるように蘇りの力が獲得されて豊作が確実になると説明されたのである。

一度枯れ果てたあとに、新芽を出し、緑豊かに蘇る植物が宗教的にシンボル化された神ディォニソスが、ワインとなって蘇るブドウになぞらえられた。ディォニソスは毎年冬に死に春には蘇るとされ、その周期的な再生は死者の復活と同一視された。そのためにディォニソスの祭りでは、男も女も「ワイン」を痛飲し、生きる喜びに酔いしれた。ディォニソスの祭りは、ギリシア社会最大の「ハレ」の行事だったのである。

ディォニソスについては、つぎのような話がある。各地の遍歴を続けたディォニソスはアテナイ付近のイカリア村で農夫イカリオスのもてなしを受け、お礼にブドウの栽培とワインの製法を教えた。さっそくワインをつくったイカリオスは、ヤギの皮の袋にワインを入れて村人に振る舞ったが、はじめて体験した酔いを毒を飲まされたと誤解した村人はイカリオスを殺害してしまい、娘は悲嘆の末に首を吊る。ことの成り行きを知ったディォニソスは大いに怒り、村の娘全員を狂わせ、首を吊らせてしまった。そこで村人は自分たちの誤解を悟り、誤って他界させた父と娘を供養した。そうしたことからディォニソスも怒りを解いて同地をブドウの産地にしたというのである。

たくましい蘇りの力をもつディォニソスも、恋には弱かったようである。こうした気の毒な伝承がある。ディォニソスが、ブドウの栽培法とワインのつくり方を伝えるために各地をめぐっていたとき、エーゲ海に浮かぶナクソス島（アテネの南東約二〇〇キロ）でアリアドネという憂いに満ちた美女に出会った。

クレタ王ミノスの娘アリアドネは、クレタ島の迷宮に巣くう怪獣ミノタウロスを退治するために「生け贄《いにえ》」になることをみずから志願してやってきた英雄テセウスに一目ぼれし、アテネに連れ帰ってくれることを条件に支援を申し出た。彼女は、迷宮をつくったダイダロスから手に入れた糸玉を密《ひそ》かにテセウスに手渡す。テセウスはその糸玉の端を入り口に固定し、糸玉を解きながら迷宮に入り、首尾よくミノタウロスを討ったあと、糸を巻き戻して迷宮からの生還に成功した。その後、テセウスはアリアドネを連れてアテネに向かうことになるが、途中で彼女にあきてしまい、島で寝ているアリアドネを置き去りにしてしまう。よくある話である。信じ込んでいた男に捨てられたアリアドネの心は暗く沈んだ。

そうした彼女に一目ぼれしたディオニソスは、アリアドネを励まし続け、宝石をちりばめた黄金の冠を結納《ゆいのう》とし、待望の結婚にまでこぎつけた。しかし、運命とは罪つくりなもの。アリアドネは病に冒され、若くして世を去ってしまった。悲嘆に暮れたディオニソスは、彼女に贈った黄金の冠を空に向かって投げつけ、身の非運を呪ったという。その空に投げつけられた冠が、夜空に輝く「冠座」（牛飼い座の側の小さな星座）になったというのである。昔の夜は漆黒の闇に包まれ、どこからでも降るように星が見えた。そこで人々は色々な物語を天空の星に托《たく》したのである。

ちなみに、ローマではディオニソスはバッカスと呼ばれ、ワインの神、ディオニソスの悲恋の話である。豊穣《ほうじょう》と酒の神リベルと同一視された。バッカスは、ディオニソスとは違い、女性的な美青年として描かれている。

四〇歳を過ぎてからワインを飲め

ギリシアの哲学者プラトンは、ワインを人間を理知的にする飲みものとして位置づけ、酒を飲みながら行う対話の教育的意義を高く評価した。確かに快い酔いは、常識という「固い殻」から人間を解放し、柔らかな発想を与えてくれる。ともに酒を飲むことでface to faceの温かい人間関係が育《はぐく》まれ、自由な対話は新たなアイデアを生み出す。しかし、飲み過ぎはよくない。ギリシア人は水で割ってワインを慎重に飲んだようである。古代ギリシアでは、生《き》のワインを飲むことは「スキタイ式の飲み方」として嫌われた。

プラトンは、「一八歳以前には絶対にワインを飲んではならない。三〇歳までは適度にワインを飲んでもよろしいが、酔態をさらしたり、飲みすぎたりするべきではない。陽気に浮かれ騒いでもいいのは四〇歳になってからだ。ワインこそ彼らが背負っている人生の重荷を軽くし、気難しくなっている心を治し、若さを蘇らせ、絶望的な思いを忘れさせてくれるからです」と酒に対する深い理解を示している。

泥酔はよくない、自制力が身につき自分の心を安心して解き放せるようになる四〇歳になってからワインを心ゆくまで飲みなさいと、プラトンは言うのである。彼はまた、ワインが心の憂さを晴らし、若さを蘇らせる糧であるとも説く。きっと「酒でも飲まなけりゃ、やっていられない」という憂いが、ギリシア世界にも山積していたのであろう。現にプラトン自身も、デマゴーグに操られて衰亡の過程にあるアテネ社会を再興させようとした師匠のソクラテスが、皮肉にも民衆裁判により死刑を宣告され、毒杯を仰いで自殺するという辛《つら》い場面に立ち会っている。しばし名刺（つまり社会的立場）を忘れ、生身の人間として話し合うことの効用は、今も昔も変わらないのであろうか。

ワインに駆逐されたパン

地中海の中央部に位置するイタリア半島は、地中海世界では長い間「辺境の地」として位置づけられていた。地中海世界は、まず東のエーゲ海が、次いでカルタゴを中心とする西地中海が拓《ひら》かれ、中央部のイタリア半島は最後まで取り残されたのである。そのためローマに東方からワインが伝えられた時期は遅く、ワインは外部世界のハイカラな飲みものとして取り入れられた。

そうしたこともあって初期のローマではワインは貴重品であり、三〇歳以下の男性と婦人にはワインを飲むことが許されなかった。カエサル（前一〇〇頃—前四四）の時代になってもワインは高価であり、一本のアンフォラに詰められた「ワイン」に対して商人は、奴隷一人を代価として求めたとされる。

当時の「ワイン」は、ドロドロとした「濁り酒」だった。ローマにワインを伝えたギリシア人も「ワイン」を海水や水、ビール、蜂蜜酒《はちみつしゅ》で割って飲んだという。ギリシア人は、「ワインを割って飲むことこそが文化」であると誇らしげに語っている。ローマ人もギリシア人に習って、二倍から三倍の水で「ワイン」を割って飲んだようである。ワインをお湯で割る場合もあり、時には保存のために貝殻や石膏《せっこう》を加え、場合によっては鉛の容器に入れて温めることもあった。そのために鉛中毒になる貴族も多かったという。

ローマ帝国が地中海世界を制覇すると、享楽主義のローマ人はワインを宴席に欠かせない飲物として位置づけた。カエサルがガリア地方（現在のフランス）を遠征した際に、ケルト人が使うビール醸造用の木樽《きだる》を持ち帰って以後、ワインの風味が格段によくなったのである。通気性のある木樽には外気とアルコールの間の微妙な接触があり、ワインの風味が一層増したという。しかし食い道楽のローマ人にとり、ワインはあくまでも食事の一部だった。今でもイタリア人は食事から切り離された飲酒を悪癖とみなす。イタリアでは、酔っぱらうことは決して恰好《かっこう》よくはないのである。

ワインが普及するにつれて、イタリア半島では急激にブドウ園が穀物畑を駆逐することになり、大きな社会問題になった。ローマ人が食べる穀物は、もっぱらエジプトや北アフリカから輸入するしかなくなったのである。その結果、穀物不足が社会問題になる。富者のためのワインが貧者のムギに優先されたのである。皇帝ネロの寵愛《ちょうあい》を得たペトロニウスが客に一〇〇年もののカンパニア・ワインを振る舞ったという話は、支配層にワインが急速に普及したことを物語っている。

そこで九一年、ドミティアヌス帝（位八一―九六）は、「帝国のブドウの木の本数を二分の一に削減せよ」という命令を出し、アルプス以南に植えつけられているブドウの木を根こそぎにさせた。富裕層が飲むワインが社会を滅ぼすのを、座視するわけにはいかないというのである。

イエスの死と蘇りのシンボル

『旧約聖書』に収められた「ノアの方舟《はこぶね》」の話は、四〇日の大洪水を耐えたノアが船を降りてブドウ畑をつくり、できあがったワインを腹一杯飲んだあとに天幕の中でスッ裸のまま寝りこけてしまったと記している。きっと鯨飲したのであろう。そういえば『旧約聖書』の創世記には、ワインは「人の心を喜ばす」反面、「人の徳をくらます」という記述がある。

「ノアの方舟」の話を真実だとする人たちは、ノアの方舟が大洪水のあとにたどり着いたのはトルコ東部のアララト山（五一六五メートル）にちがいないと考えて、真面目に方舟の探査を繰り返している。ちなみにノアがワインを飲んでスッ裸で寝込んでしまった話に関しては、ノアが動物を犠牲にすることを嫌い、神に捧《ささ》げる犠牲の血に代わるものとして血の色をしたワインをつくったのではないか、などというようなもっともらしい理由づけがなされている。

キリスト教では、ワインは「イエスの聖なる血」「神の国を象徴する飲みもの」とみなされた。ブドウが摘み取られ、圧搾されたあとに発酵してワインに変わるプロセスが、イエスの「苦しみと死」、そして「蘇り《よみがえ》」としてイメージされたのである。

七世紀から八世紀のイスラーム教徒の「大征服運動」で地中海が「イスラームの海」に変わったあとも、ヨーロッパの内陸部では修道院によりワインの製造が続けられた。ワインは、寒さが厳しく穀物が十分に収穫できないアルプス以北のヨーロッパでは、穀物の不足を補う「食品」でもあった。八〇〇年にローマ教皇より皇帝の冠を与えられたカール大帝（七四二―八一四）は、土地を教会や修道院に寄進してワインづくりを奨励し、西ヨーロッパにおけるワイン文化の土台を築いた人物でもある。

イエスの十字架上の死を再現する典礼ミサは、本来は司教、司祭などが行う公的行事だが、八世紀以降になると修道院での私的なミサも行われるようになった。ミサには、「聖体」のシンボルの「パン」と「イエスの聖なる血」のシンボルの上質な「ワイン」が欠かせない。修道院が競って上質「ワイン」の製造に努めた背景には、こうした宗教的意味があった。しかし他方では、ヨーロッパの「食の貧しさ」もその背景になった。街道に沿って建てられていた当時の教会や修道院は旅館としても利用されたが、客をもてなすモノとしては上質の「ワイン」ぐらいしかなかったのである。しかも幸いなことに、「ブドウ」

は穀物が育てられない荒れ地での栽培が可能だった。

寒冷な西ヨーロッパのブドウ栽培は、ブドウが生育できるかできないかのぎりぎりの自然条件のもとで続けられた。厳しい風土との闘いが良質のワインを育んだのである。有名なブルゴーニュ・ワインを育てたシトー修道会の修道士たちは、ブドウ畑を育てるのに一生を捧げた。「モンラッシュ（はげ山）」「ラ・ペリエール（瓦礫《がれき》の土地）」などというブドウ園の名前は、彼らの苦闘を今に伝える。激しい労働は修道士たちの生命を縮めた。修道士の平均寿命が、二八歳だったという記録もある。

商業が復活する一二世紀になるとワインの生産に特化する地域も現れ、ワインの大量輸送が始まった。現在の重い貨物を計る重量の単位「トン」は、ワイン一樽の重さに起源をもつとされている。ボルドー地方からイギリスに大量のワインが運ばれるようになると、幾樽のワインを積めるかで船の積載能力が示された。空の樽を叩《たた》いた時に「タン」という音がしたことから、転じて「トン」という言葉が生まれたと説明される。ブルゴーニュと並ぶワインの産地ボルドーは、ガロンヌ川とドルドーニュ川の水運を生かすことでワインの産地として頭角を現し、一三世紀中頃にはイングランド王室が消費するワインの四分の三を供給するようになった。

3　ユーラシアの大草原が育てた馬乳酒

騎馬帝国の活力剤

ユーラシアを東西に貫く約八〇〇〇キロの大草原は、遊牧民の生活の大舞台だった。果実の乏しい草原でも、酒の素材が探し出されていく。遊牧民は、馬乳を酒の原料として利用することになる。彼らは六パーセントの乳糖を含む馬乳を発酵させ、アルコール濃度の低い馬乳酒をつくるのに成功した。世界の酒のほとんどは植物を原料とするが、馬乳酒は大草原で見いだされた珍しい酒だったのである。まさに遊牧世界の酒といえよう。

馬乳に含まれる乳糖はもともとアルコール発酵にはなじまない素材なのだが、草原地帯にたまたま乳酸を発酵させる酵母があったことが馬乳酒に幸いしたのである。ちなみに一家族が二〇〇頭ぐらいの羊を飼い、数家族ごとに草原に散居する遊牧民を互いに結びつけたのは、ほかでもない「馬」だった。一〇キロ以上離れる集落間の連絡、軍事遠征などのすべてが馬によってなされたのである。前漢の歴史家、司馬遷《しばせん》の『史記』の記述によると、漢帝国を脅かした遊牧民の匈奴《きょうど》帝国では、子供が歩きはじめると子馬や羊の背に乗せて、馬に慣れ親しませたという。馬は草原の生活と密着していたのである。

遊牧民は、二五〇〇年も前から革袋を使って馬乳（場合によってはラクダの乳）を発酵させていたと考えられている。トルコ語で「クミス」、モンゴル語で「アイラグ」と呼ばれる酒は、すべて馬乳酒である。前五世紀にギリシアの歴史家ヘロドトスは、『歴史』で黒海北岸のスキタイ人が馬乳酒を飲んでいたと記録している。ちなみに「クミス」は古代アジアのクマン人に由来するとされている。

馬乳酒にはビタミンCが豊富に含まれており、飲む者の血管を強化し、新陳代謝を進める効果があった。新鮮な搾りたての馬乳を乳酸発酵させたアルコール飲料の馬乳酒は、身体にやさしく、遊牧民にとっての「生命の水」でもあった。マルコ・ポーロ（一二五四―一三二四）は『東方見聞録』で、「彼らは必要に迫られればいつでも些細な馬乳と自分で射止めた獲物だけを食料として、まる一か月間を一地で駐留し通すこともできるし、また進軍し続けることもできる」と記し、馬乳とは白ワインのような飲みもので「クミス」と呼ばれていると述べている。馬乳酒こそは、モンゴル帝国を樹立した遊牧民の活力剤だったのである。

ちなみに日本の「カルピス」は、第一次世界大戦後の一九一九年に、三島海雲《みしまかいうん》という人が、モンゴル人が飲んでいた馬乳酒をヒントにして製造販売した乳酸菌飲料で、脱脂乳を乳酸発酵させたあとで糖分を加え、カルシュウムを添加した飲みものである。商標の「カルピス」は、「カルシュウム」とサンスクリット語の「サルピス（五味のひとつ）」を組み合わせたとされる。現代のモンゴル人も馬乳酒を喉《のど》の渇きを癒《いや》す単なる「飲みもの」とみなしており、酒とは考えていないようである。

黒海とカスピ海の間の山岳地帯カフカスでつくられている「ケフィール」は、馬乳酒ではなく牛乳酒である。牛乳（場合によっては羊やヤギの乳）を発酵させ、発酵が止まるごとに新しい牛乳を継ぎ足してつくる。その名称は、「ケフィール」という黄褐色の穀粒を加えることに由来した。

馬乳酒は食料でもあった

遊牧民が馬乳を発酵させて飲んだ理由は、馬乳を生で飲むと下痢を起こしやすかったからだともいわれる。家畜が供給する食材を、少しも無駄にしたくはないという遊牧民の「生活の知恵」が馬乳酒を生み出したのであろうか。

馬は、三月から四月にかけて出産したが、その時期の馬乳はもっぱら子馬の飼育に利用された。しかし、子馬がある程度育った六月末頃から一〇月頃になると馬乳の必要が少なくなる。その時期に搾られる三〇〇から四〇〇リットルの乳が、もっぱら馬乳酒の原料として利用された。酒といっても先に述べたように馬乳酒はアルコール度数が一から三パーセントに過ぎず、乳酸発酵が起こされたことからドロドロとしたヨーグルト状をなしており、ドンブリで数杯飲んでも酔うことはない。モンゴル人の男性は、一月に約四リットルの馬乳酒を飲むという調査結果もある。馬乳酒はまさに食料だったのである。

馬乳酒の製法は簡単だが、それでもそれぞれの家庭ごとに秘伝の味があった。革袋に搾りたての馬乳を入れ、攪拌棒《かくはんぼう》で七日から一〇日の間かきまぜると、革袋に付着している乳酸菌やイースト菌の活動で発酵が起こり、簡単に馬乳酒ができた。前年につくっておいた馬乳酒を加えると、発酵は一層容易になったという。

大量につくられた馬乳酒は、冬の間は屋外で凍らせて保存し、モンゴルの正月を祝う行事に用いられた。正月だけではなく、祝い事がある際には、ことあるごとに馬乳酒が飲まれたようである。ユーラシアの東西にまたがる大帝国を樹立したチンギス・ハンも、きっとこの弱い酒で祝杯を上げたことであろう。遊牧民の馬乳酒はあくまでも自家製の酒で栄養補給源として用いられ、商品化されることはなかった。

4 「海の道」に沿ってひろがったヤシ酒

マルコ・ポーロもビックリ

亜熱帯、熱帯に分布するヤシは、イネ科、ユリ科、ラン科に次ぐ大きな植物群で、約二六〇〇種にもおよぶ。そのうち、アジアで生育するヤシが約一四〇〇種である。ヤシの樹液は発酵しやすく、酒の素材としては五〇〇〇年以上の長い歴史をもっている。

ユーラシアの南縁部の「海の道」は、一〇世紀以降中国の陶磁器が主要な商品になったことから「陶磁の道(セラミック・ロード)」と呼ばれる。紅海—ペルシア湾—アラビア海—マラッカ海峡—南シナ海を結ぶ海の交易路がもっとも栄えたのが、東アジアと西アジアを同時に支配したモンゴル帝国の時代だった。私たちに馴染《なじ》み深いやきものの「染付《そめつけ》」も、ペルシア産の釉薬《ゆうやく》(うわぐすり)のコバルト顔料を使って西アジア世界の需要に応《こた》えたものので、一四世紀のモンゴル帝国(中国では元《げん》)末期にその技法が飛躍的に発達した。

一七年ものあいだ、元のフビライ・ハンに役人として仕えたマルコ・ポーロは、西アジアのイル・ハン国に嫁ぐコカチン姫に同行し、「陶磁の道」を東から西に航海してペルシア湾経由で故郷ヴェネツィアに戻った。彼は、一二九〇年末に福建の泉州（ザイトゥーン）港を出港し、二六か月間の航海ののちにペルシア湾の入り口のホルムズ港にたどり着き、一二九五年にヴェネツィアに帰着している。

マルコ・ポーロの長い海の旅の慰めになったのが、寄港した港々で飲んだ、青くさく甘酸っぱいヤシ酒「トディ」だったようである。熱帯、亜熱帯ではヤシ酒はごく普通の酒なのだが、地中海で育ったマルコ・ポーロにはヤシ酒がなんとも珍しかったようである。

彼が書いた『東方見聞録』の「サマトラ王国」の条や「セイラン島」の条には、ヤシ酒の記録がある。あまりにも簡単に発酵するヤシに、マルコ・ポーロは強い興味を感じたようである。

現在でも西アジア、インド、東南アジア各地で、ヤシの樹液「トディ（正式には fermented toddy、単に toddy という場合が多い）」を発酵させたヤシ酒がつくられている。トディを一日から二日放置するだけで、自然発酵してヤシ酒になるのだから簡単である。ヤシ酒は蜂蜜《はちみつ》を水で薄めたような味で、冷やして飲むと飲みやすい。

しかしモノは多面的であり、プラスに働く側面があれば、マイナスに働く側面もある。ヤシ酒は熱帯地域での自然発酵で醸される酒なのですぐに発酵したが、たちまち酸っぱくなってしまうために保存が利かず、遠距離の輸送には耐えられなかった。ワインが、一九世紀に世界を制覇したヨーロッパのアルコール飲料として世界中に広まったのに対し、ヤシ酒が今でもユーラシア南縁部のローカルな酒にとどまっているのはそのためである。マルコ・ポーロの『東方見聞録』の「サマトラ王国」の条の記述はこうである。

「――この島に育つ一種の樹があって、土人たちはその枝を切り、切り口に大きな壺を掛けておくのである。すると一昼夜の間にこの壺は一杯になる。この酒は飲んで実にうまいし、そのうえ脹満・咳病・脾臓病をいやす効能がある。この樹は一見したところ小型の棗椰子《なつめやし》に似ており、枝もほんのわずかしかないが、適宜の時節にその一枝を切りさえすれば、上記のようなうま酒がちゃんと得られるのである。またその切り口からもう酒が出なくなると、彼等は付近の小川から引いた水溝の水を十分なだけこの樹の根元にかけてやる。すると一時間もたてば樹液が再びしみ出てくる。もっとも二度目は最初のような赤い液ではなくて淡い色をしているが、とにかくこうして赤い酒と白い酒との二種類が手にはいるのである」（愛宕松男訳）。

マルコ・ポーロは、ヤシの樹液から面白いように酒ができるのに驚いているが、ヤシ酒は、三、四日もするとすぐに飲めなくなる生物《なまもの》の酒だった。そのためにアルコール濃度が低かったのである。

いずれにしてもヤシの幹をくりぬいて枯れ草を詰めて焼き、そこに管をつけてその先の壺《つぼ》にヤシの樹液が溜《た》まるようにしておけば、自然に酒ができあがるのだから、熱帯、亜熱帯に住んでいる人たちは自動酒造機を庭先にもっているようなものだったのである。

第二章　文明は酒づくりに熱心だった

I

四大文明はそれぞれの酒をもった

酒文化も穀物に依存する

文明は、ムギ、コメ、アワ・キビ、トウモロコシなどのイネ科の穀物の栽培を前提に成立した。大量に生産される穀物がなければ、大文明も姿を現さなかったのである。穀物こそが人類に畑を拓《ひら》かせ、灌漑《かんがい》を始めさせ、人口が密集する都市を誕生させ、文明を育てるエネルギー源なのである。今でも地球上の六〇億を超える人々の大多数は、穀物によって生命を支えられている。

自明のことだが、穀物は「小さな巨人」といってもよいような人類の恩人である。人生に欠かせない酒も、穀物に大きく依存している。穀物を原料とすることで大量生産がはじめて可能になり、酒は大衆化の道をたどることができたのであった。穀物を原料とする醸造酒が量産されることで、酒の歴史は第二段階に入ったのである。

大河の流域に成長した四大文明は、それぞれを支える穀物を原料とする固有の酒を生み出した。しかし、固い殻で武装した穀物を酒に変えるには、乗り越えなければならない大きな障害があった。穀物をアルコール発酵が起こりやすい糖分に変えるプロセスづくりが、最大の難関だったのである。

アルコール発酵を面倒くさくいうと、酵母（イースト）が分泌するチマーゼがグルコース（ブドウ糖）やフルクトース（果糖）などの単糖を分解してエチルアルコールと二酸化炭素に変化することである。アルコール発酵には糖分が必要であり、デンプン（炭水化物）を麦芽糖などに変え、それをさらに単糖に変える過程が求められた。

穀物酒のそれぞれの個性

諸文明を支える穀物は、それぞれの地域の風土と歴史性により異なっていた。そのために穀物を原料とする酒の種類も多様になった。主な穀物酒には、ムギを原料とするビール、キビやコメを原料とする中国の黄酒《おうしゅ》（ホワンチュウ）、コメを原料とする日本の清酒、トウモロコシを原料とするインカ帝国のチチャなどがあり、それぞれの文明に独自の表情を与えている。

ちなみに四大文明を育《はぐく》んだ穀物のなかで、もっとも早く酒づくりと結びつくのは、「粉」に碾《ひ》かれたあとで発酵パンとして食べられたムギだった。粉に碾かれて利用されるムギは、もっとも酒になりやすい穀物だったのである。

幸いなことに穀類のモヤシ（穀芽）には、デンプンを糖に変える酵素が含まれていた。

そこでムギ食圏（メソポタミア・エジプト）では、発芽させたムギ（麦芽、モルト）をそのまま発酵させ、ビールをつくることができたのである。

コメ・アワ・キビ食圏（中国の黄酒、日本酒）では特殊なカビ（中国ではクモノスカビ、日本では麹《こうじ》カビ）を使ってヒエ、小麦、コメを糖化することが必要になり、酒づくりはなかなか面倒だった。クモノスカビは湿った場所に生える普通のカビで、アジア全域で酒を醸造する際に用いられている。麹カビは日本では身近な場所で普通にみられる不完全菌（無性生殖を繰り返す菌）で、「麹」として味噌《みそ》、醤油《しょうゆ》、酒をつくるのに利用された。日本の酒は、麹カビを使用するという点で個性的だったのである。

つぎにメソポタミア、エジプトのビール、中国の黄酒、日本の清酒、インカ帝国のチチャと順を追って、世界史の舞台に登場する穀物を原料とする醸造酒の歴史をめぐってみることにする。

2　メソポタミアからヨーロッパに引き継がれたビール

ビールは液体のパンだった

ビールは世界でもっとも多く飲まれている醸造酒で、年間の生産量は優に一億キロリットルを超える。世界人口を六〇億として計算すると、世界中の人が年間一七リットル以上のビールを飲んでいる計算になるから大変なものである。主なビールの生産国は、アメリカ、ドイツ、イギリス、ベルギーだが、もともとムギ食ではなくコメ食の日本でも、最近はビールの生産量が伸びており、アルコール飲料のトップの座を占めている。ちなみにビールの呼び名は、ラテン語のビベーレ（bibere、「飲みもの」の意味）に由来するとも、ゲルマン語のベオレ（beor、「グレーンを発酵させた飲みもの」の意味）に由来するともいわれている。

ビールは、文明が誕生した五〇〇〇年前にはすでにメソポタミア、エジプトで飲まれていた。当時のビールはどろどろで「飲むパン」「液体のパン」とみなされ、大衆にもなじみ深い飲みものになっていった。原料のムギが簡単に入手できたためである。しかし、当時のビールには「苦み」がなく、低アルコール濃度の気の抜けた飲みものにすぎなかった。それでもメソポタミア文明を築いたシュメール人は大変な酒好きであり、収穫されたムギの四〇パーセントを「ビール」醸造にあてたとされている。現在と比べてみると、ものすごく高い比率である。

初期のビールは、パンを噛《か》むことによりつくられた。人間の唾液《だえき》が発酵を促したのである。そのためにシュメール人は「発酵」を、「ニシカシ」という口を満たしてくれる女神が行う秘術とみなした。パリのルーブル美術館に収蔵されている、二枚の粘土板にムギの脱穀とビールづくりを刻んだ有名な「モニュマン・ブルー」は、農業と豊饒《ほうじょう》の女神に捧《ささ》げられたもので、前三〇〇〇年頃の遺物と考えられている。メソポタミアのシュメール人社会では、女性が醸造に携わっており、大麦から八種類、小麦から八種類、混合した穀物から三種類の「ビール」がつくられたという。ビールは、補助食品、神像や畑を区画する際の清めの酒としても用いられた。

メソポタミアでは、神殿の建造に従事する労働者には一日一リットル、高位の神官にはその五倍のビールが報酬として与えられたとされる。そのために貴族などの有力者は、神殿に大量のビールを奉納した。メソポタミアの神々も酒好きと考えられ、多大の御利益が期待されたのであろうか。

古代エジプトでも、五〇〇〇年前から「ヘクト」と呼ばれるビールがつくられた。麦芽を焼いたパンを砕いて水に溶かし、細長い壺《つぼ》で発酵させたものである。壺にはしっかりと栓がされていたので炭酸ガスが抜けず、味わいが深められた。壺を暗く冷たい場所で保存して熟成させる場合もあったという。ビールに粘土を入れて透明度を増す技術が開発され、ナツメヤシなどの材料を加え、アルコール濃度を強める工夫もなされた。ハーブで風味をつけた種々のビールもつくられ、「喜びをもたらすもの」「天国のような飲みもの」などの素晴らしい銘柄名がつけられていた。記録によると、水で割らないとワインと同じくらい強いビールもあったという。

貨幣が普及せず、現物経済が支配的だったエジプトでは、神官や官吏の俸給の一部がビールで支給された。そうしたこともあって飲酒の習慣が支配層のあいだにひろがり、風紀の乱れも生じたようである。古代エジプトのアニの格言は、「酔う水が飲まれている家で熱くなってはいけない。――足が麻痺《まひ》し、やがて倒れる。誰も手を貸さず、愉快な仲間は飲んで去ってゆく。『帰れ、お前は十分に飲んだんだ』と。人は、自分の事を話し足りないまま、助けもなく子供のように地面の上に横たわっている自分を見いだす」と、深酒を諫《いさ》めている。三〇〇〇年前も現代も、泥酔は身を滅ぼすようである。

ハンムラビ法典が語る酒場のイメージ

メソポタミアでは前一七世紀に栄えた古バビロニア王国の時代になっても、ビール醸造はもっぱら女性の仕事だった。なかには自宅で酒をつくり、販売する者もあったようである。ハンムラビ王（前一七二四―前一六八二）により制定された二八二条からなる「ハンムラビ法典」には、多くの酒場に関する規定が含まれていて、当時の酒場の様子がイメージできる。法典によるとビールは原料となる穀物で代金を受け取る規定になっており、銀で代価を要求したり、穀物の分量よりも少ないビールを販売した女性は、罰として水の中に投げ込まれたという。また、酒場には犯罪者が紛れ込むことが多かったようで、酒場の女性には犯罪者をかくまうことがないように厳しい罰則規定が設けられた。法典では、犯罪者をかくまった場合には「死刑」を科すと規定している。当時の酒場がどのようなものだったのかは、知るよしもないが、当局の取り締まりが難しい場所だったことだけはまちがいがないようである。酒場は客にツケでビールを飲ませることも多かったようで、その場合に過剰な取り立てが行われないようビールの代価として支払う穀物の量も規定されていた。法典の規定は、以下のようになっている。

一〇八条 もしビール酒場の女が、ビールの代金を穀物で受け取らず、銀で受け取るか、あるいは穀物の分量に比べてビールの分量を減らした場合には、その女は罰せられて、水の中へ投げ込まれる。

一〇九条 もし、手配中の犯人がビール酒場に入り込んだにもかかわらず、それをかくまって当局へ連れて行かれないようにした場合には、その酒場の女は死刑に処せられる。

一一一条 ビール酒場の女が六〇クアのビールを信用で飲ませた場合には、収穫の時に五〇クアの穀物を取り立てねばならない。

メソポタミアのビールの製造法も、長い歳月のなかで進化を遂げていった。前六〇〇年頃の新バビロニア王国では男性がビール醸造に携わるようになり、ビール醸造者の組合もつくられ、組合には大きな栄誉が与えられていた。最盛期のネブガドネザル二世（前六〇四—前五六二）は、ユダ王国を滅ぼしてユダヤ人を首都のバビロンに強制連行し、「バベルの塔」などの壮大な建造物の建設にあたらせたが（「バビロン捕囚」）、大変なビール好きで、バビロンの守護神マルドゥクの巨大な祭壇にビールの滝を流させたという伝説があるほどである。彼はビール醸造業者を保護し、マルドゥクの祭礼の時には名誉席に着かせたとされる。祭礼にはビールが欠かせなかったのであろうが、他方でビール醸造が普及し、醸造業者が確固とした社会的地位を確立していたことがわかる。

ビールで酔うと「後ろ」に倒れる？

ビールは、やがてエジプトからギリシアに伝えられた。哲学者アリストテレス（前三八四—前三二二）は、意味不明だが、「ワインで酔っ払った人は前に倒れ、ビールで酔っ払った人は後ろに倒れる」と記している。貴重な穀物が不足しがちなギリシアでは、ビールを飲むことが嫌われたようである。貴重な穀物のムギを酒などに変えるのは、不埒《ふらち》であるというのであろうか。「後ろに倒れる」というのは、あまり好ましくないという意味のようである。時代は下るが、ヘレニズム時代には、エジプトの女王クレオパトラが、ビールを酎みかわすことでカエサル、アントニウスを次々とまるめ込んだという話もある。

ローマ帝国では、大地の女神ケレスを祭る祭典でムギからつくる「ケルウィシア」というビールが痛飲されたが、グルメのローマ人はビールよりも食事と相性がよいワインのほうを好んだ。ゲルマン人などが好むビールは、野蛮人の飲みものとみなされていたようである。ビール文化は地中海を素通りしてアルプス以北に行ってしまったのである。

ビール醸造は、やがてヨーロッパの大麦地域で進化をとげていく。蜂蜜酒《はちみつしゅ》を飲んでいたゲルマン人、ケルト人は、大量に醸造できるビールの存在を知ると、たちまちその虜《とりこ》になってしまった。ローマのタキトゥスが著した『ゲルマーニア』は、「飲料には大麦もしくは小麦より醸造《つく》られ、幾分葡萄酒に似た液があるが、〔レーヌスおよびダーヌウィウス〕河岸に近いものは、葡萄酒をも購っている。（中略）彼らは渇き（飲酒）に対してこの節制がない。もしそれ、彼らの欲するだけを給することによって、その酒癖を擅《ほしいまま》にせしめるとすれば、彼らは武器によるよりもむしろ容易に、その悪癖によって征服せられるであろう」（田中秀央、泉井久之助訳）と、ゲルマン人の節制のない飲酒について記している。ゲルマン社会を統一したカール大帝も、有能なビール職人を宮廷に集めたと伝えられている。中世ヨーロッパの歴史は、ビール抜きには語れないようである。

「緑の黄金」ホップの登場

中世ヨーロッパでビールづくりを洗練化させたのは、ワインと同様に修道院だった。すぐれたビールの生産国として有名なベルギーでは、現在でも修道院で醸造されるビールや修道院の製法を受け継ぐ濃厚なビールが好まれている。

ビールに欠かせない「苦み」を加えるのに使われたのは、最初ヤチヤナギの葉だった。日本のアイヌもヤナギのたくましい生命力を重んじ、神（カムイ）は粘土とヤナギから人間をつくり、背骨のヤナギに生命力が宿ると考えている。ゲルマン人も生命力のあるたくましいヤナギの葉を加えることで、ビールに生命力を与えようとしたのであろうか。

その後ビールの香りづけには、それぞれの土地で入手しやすいハーブ類を主体に、丁子《ちょうじ》・肉桂《にっけい》などの何種類もの香料と薬草を混ぜ合わせ、調合した「グルート」が使用された。「グルート」が、ビールの個性を決める秘薬となったのである。

七、八世紀になると、ドイツでは「グルート」に代わり、「ホップ（セイヨウカラハナソウ）」が登場した。ホップの雌花の付け根から出る黄色い粉末（「ホップ」または「ルプリン」）をビールに加えることで「苦み」を出し、ガスが抜けないように工夫してビールがつくられるようになったのである。ホップはバベルの塔がつくられた時代に、すでにバビロンの「空中庭園」で栽培されていたという説もあるが、どうもはっきりしない。

ちなみにホップは、ブドウと同じく黒海とカスピ海の間のカフカス地方を原産地とするクワ科のツル草だが、七世紀にはすでにドイツに伝えられていた。七三六年にはミュンヘン近郊にホップ・ガーデンがつくられるようになり、栽培が本格化された。ビールに独特の香味と苦みを加え、泡立ちをよくする「ホップ」は、「ビールの魂」「緑の黄金」ともいわれている。

現在のビールの原点は、一五一六年に南ドイツのバイエルン公国（首都ミュンヘン）のヴィルヘルム四世が出した酵母と大麦、ホップ、水だけでビールを製造しなければならないとする「ビール純粋令（ラインハイッゲボード）」である。それまでは、着色するのにスを使ったり、麦芽使用の割合が低かったりする低品位のビールが多かったが、ビール純粋令で均質化されるようになった。

ヴィルヘルム四世が法令を出した狙いは、良質のビールを普及させて市民の健康を保持することだけではなく、食用の小麦をビール醸造から排除し、食糧難を解決することにもあった。しかしこの法令は「グルート」を駆逐する決定打となり、ビールの基本形ができあがったのである。

ホップは爽快《そうかい》な喉《のど》ごし、コクのよさをつくり出しただけではなく、雑菌の繁殖を防ぐ力ももっていた。ホップには殺菌作用、抗菌作用があったのである。またホップに含まれるタンニン（渋み）はビールの過剰タンパク質を取り除き、「すっきり」した味わいと透明度を高めるのに役立った。普通ビールには、一キロリットルあたり一・六キロ程度のホップが使われている。

3　東アジアの穀物酒「黄酒」

傾国の美女と酒池肉林

中国で飲まれたのは、雑穀のヒエを原料とする酒だった。殷《いん》代（前一七世紀末―前一一世紀）の酒は、宗教と深い結びつきをもっていたようである。殷代の遺跡からは祭りに使われた立派な青銅器がたくさん出土するが、「爵」などの酒器が多くの割合を占めている。のちに殷を倒した周は、一族の人々を地方に派遣し、天下を治める封建制を実施した。地方長官が任地に赴任する際に支配のシンボルとして周王が与えたのが、ほかならぬ「爵」という酒器だった。貴族の「侯爵」「伯爵」などの称号は、その身分を示す酒器にもとづいている。

古代中国でも、過剰な飲酒は「悪」として指弾された。戦国時代（前四〇三―前二二一）に編集された中国最古の詩集『詩経』は、殷王が酒におぼれて威儀を乱し、昼もなく夜もなく酒を飲み続けたことを厳しく批判している。酒が神の飲みものとみなされたことから、「淫酒《いんしゅ》」に厳しい目が向けられたのである。

『史記』でも、欲望を解放してしまった紂王《ちゅうおう》は徹底的にやっつけられている。前一一世紀頃の殷朝最後の紂王は、もともとは頭脳明晰《めいせき》で弁舌にすぐれており、猛獣と素手で闘って倒したと言い伝えられるほど腕力にもすぐれていた。しかし、征服した有蘇《ゆうそ》という一族が送ってきた類《たぐい》まれな美女、妲妃《だっき》を溺愛《できあい》するようになると、贅沢《ぜいたく》と横暴な振る舞いに明け暮れるようになった。あげくの果てには国を滅ぼしてしまうのである。「亡国」を招いた紂王の乱痴気騒ぎが、「酒池肉林」の逸話である。

紂王は、鹿台《ろくだい》という宮殿におびただしい財宝を集め、鉅橋《きょきょう》という倉庫に膨大な量の穀物を集め、沙丘《さきゅう》という離宮を拡張して各地から集めた鳥獣を放し飼いにした。彼は、この一大レジャーランドに池を掘らせて酒で満たし、木々に干し肉を吊《つ》りさげて林のようにすると、その間を裸の男女を走らせ、長夜の宴を張って妲妃とともに楽しんだという。

人間の欲望は一度解き放されると抑えが利かなくなり、次第に常軌を逸していくことになる。紂王は、油を塗った銅の柱を燃えさかる炎の上に横に差し渡して、政敵を歩かせ、政敵が足を滑らせて火の中に落ち、苦しみながら焼け死ぬのを見て楽しんだという。「炮烙《ほうらく》の刑」である。また、王の乱暴狼藉《ろうぜき》を諫《いさ》めた叔父《おじ》の比干《ひかん》に腹をたて、殺害して心臓を取り出したともいう。そのために天の神は紂王と殷を見捨て、周の武王に同盟軍を率いさせて殷を攻め滅ぼさせたとされる。紂王は、鹿台の宝物殿にのぼり、宝石をちりばめた豪華な衣装をまとって火中に身を投じ、妲妃も武王の手により殺されたという。

宮廷行事に欠かせなかった酒

前漢時代（前二〇二―後八）に西方からムギが伝えられるまで、黄河流域の主な穀物はアワとキビで、そのうち酒の原料になったのがキビだった。現在はアワも焼酎《しょうちゅう》の原料として使われているが、古代中国ではキビが酒の原料として高い評価を得ていたのである。しかし、キビを糖化しなければ酒はつくれない。そこで、コウジの発見が必要になった。

中国・朝鮮ではコウジを「麯《きん》（曲《きょく》）」というが、それは原料の穀物を粉にしたあとで水でこねて団子状にし、それにクモノスカビを一か月程度繁殖させたものであった。「餅麴《もちこうじ》」ともいわれる。

周代の酒は、黄土大地に穴を掘ってキビと水を入れて発芽させ、さらに「麴」を使って発酵させる一種のドブロクだった。酒は、王の権威の源となる天の神（天帝）を祭る儀式、王室と各地を支配する諸侯の結束を固める儀式に必要だった。王は、各地の支配者（諸侯）に定期的な「朝見」への参加を義務づけて都に集めたが、「朝見」のあとで催される宴会も重要な国家行事になった。酒は宴会という厳粛な国家儀礼と結びついており、堅苦しい飲酒だったのである。

周では天地の運行と四季の循環にならって天官、地官、春官、夏官、秋官、冬官という六つの官庁が設けられたが、その中心になったのが「天官」であり、すべての官庁と役人を統括していた。「天官」には、「酒正」という長官が率いる酒の醸造、取り締まりを行う役所が付設された。宮廷の儀式には、大量の酒が必要だったためである。酒の醸造は、一〇人の宦官《かんがん》と三〇人の女性からなる「酒人《しゅじん》」が司《つかさど》った。古代中国でもメソポタミアと同様に、公的儀式で用いられる膨大な酒の大部分が女性の手で醸造されたのである。

始皇帝が求めた金色の酒

殷代の王が神を祭る儀式に使ったのは、キビ酒にカレーにも使う黄金色の鬱金《うこん》の煮汁を加えて醸造した香りの高い薬酒だった。その酒は太陽のような黄金色に輝いており、その酒を地面に注いで神霊を招いたのである。

前二二一年に天下を統一した秦《しん》の始皇帝《しこうてい》は、翌々年に山東地方の泰山《たいざん》という名山で天と地の神を祭る「封禅《ほうぜん》の儀」を行い、自分が天下の支配者になったことを諸神に報告した。標高一五二四メートルの泰山は、「東岳」とも呼ばれる五大名山（「五岳」）のひとつで、神そのものとみなされていたのである。ちなみに泰山は現在でも信仰の山として多くの人々を集め、麓《ふもと》から頂上まで七〇〇〇段におよぶ石段がつくられている。

「封禅」というのは、皇帝が天地に国家の安泰を祈る行事だった。司馬遷が『史記』の序文で、父親の司馬談が、前一一〇年に漢の皇帝、武帝が行った「封禅」の儀式への参加を許されず、無念のうちに「太史令であるにもかかわらず重大な国家行事を見られず、まことに残念だ」という言葉を残し、病死したことを記しているのは有名な話である。始皇帝が「封禅」を行おうとしたとき、殷代に用いられた黄金色の酒のつくり方はすでに忘れ去られていた。仕方なく、始皇帝は山東地方のキビ酒を漉《こ》して「封禅」に使ったとされる。殷代から八〇〇年も経っているので、酒のつくり方も変わってしまっていたようである。

中国の醸造酒にも日本の地酒のように多くの銘柄があるが、酒の色が全体として黄色いという特色があり、「黄酒《ホワンチヨウ》」と総称される。酒の色の濃さで区別し、色の濃いものを「老酒《ラオチユウ》」、薄いものを「清酒《チンチユウ》」と呼ぶ場合もある。

「餅麹」と北の伝統的原料のキビ、南の地方で産出されるコメでつくる黄酒は、長い歳月をかけた中国各地の文化交流の産物であり、中国を代表する酒となった。黄酒は、「中国のビール」といってもよい。

二〇〇〇年の歴史をもつ銘酒「紹興酒」

「黄酒」を代表する名酒が、清の美食家袁枚《えんばい》が、「中国の酒のなかでも名士である」と讃《たた》えた紹興酒《しようこうしゆ》（シャオシンチュウ）である。中国でも、日本と同じように銘酒に産地の名をつける習慣があるが、紹興酒というのは浙江省《せつこう》の杭州《こうしゆう》の東南約七〇キロに位置する運河の町紹興《シャオシン》で醸造された酒の意味である。ちなみに紹興は、中国近代の文豪、魯迅《ろじん》や哲学者で教育家としても名高い蔡元培《さいげんばい》など多くの偉人を輩出した町として知られている。

紹興酒は日本でも評判が高く、中華料理とともに飲まれ、年間七〇〇〇キロリットルが輸入されている。二千数百年前の春秋時代（前七七〇—前四〇三）からつくられはじめ、「臥薪嘗胆《がしんしょうたん》」「会稽《かいけい》の恥を雪《すす》ぐ」「呉越同舟」などの故事とも結びつく紹興酒は、「世界の名酒中の名酒」といっても過言ではない。呉に敗れた越王勾践《こうせん》が屈辱を忘れないために苦い胆《きも》をなめ続け、再起を果たした会稽山《ホイチー》は紹興の南に位置している。

のちに金（一一一五—一二三四）に中国北部を奪われ、多額の貢ぎ物を提供することでからくも余命を保った南宋（一一二七—一二七九）の時代になると、酒税により財源を確保するために酒づくりが奨励され、南宋の首都杭州でも膨大な量の酒が消費された。北方民族にいつ攻め込まれるかもしれないという不安な社会情勢を人々は酒で紛らわすしかなく、名酒紹興酒もそれまでにない規模で飲まれたのである。

紹興酒は、モチ米を大きな甕《かめ》に入れて水に浸したあとで蒸しあげ、「餅麴」と酒薬（タデとウルチ米）を加えて発酵させ、それを濾過《ろか》して加熱・殺菌したあとで甕をハスの葉と油紙で覆い、その上に「ふた」として皿を載せて粘土で塗り固め、長期間熟成させた酒である。ちなみに古い時代にこうした「黄酒」の製法が伝えられた日本では、甕の代わりに木桶《きおけ》で仕込み、木樽《きだる》で保存・熟成する方法をとるようになった。それが「清酒（日本酒）」

である。森林の国の日本では中国から伝えられた金属製の箸《はし》も、甎《レンガ》製の寺院も木製に姿を変えたが、酒をつくる道具も同様だったのである。日本酒は、日本の森の文化がつくった酒なのである。

紹興酒は、袁枚が「五年以上熟成していない紹興酒は飲めない」といっているように長期の熟成が必要であり、現在は三年から五年あるいはそれ以上貯蔵したものが好んで飲まれている。古酒であればあるほど価値があるとみなされるのである。古くて上質の酒は、「陳年紹興酒」として珍重される。そうした年代物の紹興酒を代表するのが、「花彫酒《ホアティアオチュウ》」である。親の愛情が込められた味わいの深い酒である。

紹興では子供が生まれてから三日目に、産湯をつかわせる習慣があった。その際に親戚《しんせき》などから贈られたモチ米でつくった酒を甕に詰めて土中に埋め、女の子が嫁入りする時に掘り出して婚家に持たせるしきたりがあった。それが「花彫酒」である。酒の名が「花彫」とされるのは、甕に彫刻が施され、美しい彩色がなされていたことによる。

4　稲作と森の文化が育んだ日本酒

日本酒とは？

コメを原料とする日本の酒の製法は中国、朝鮮から伝えられたものだが、やがて森の国、日本の風土を生かした酒文化がつくり出されていく。日本列島の各地には、コメを原料とする多様な銘酒がある。そこで日本酒造組合中央会は特定の基準をつくり、つぎのように酒の呼び名の統一を図っていた。ちなみに、平成一五年に「清酒の製法品質表示基準」の一部が改正され、吟醸酒、大吟醸酒、純米酒、純米吟醸酒、純米大吟醸酒、特別純米酒、本醸造酒、特別本醸造酒の八種類に名称が簡略化されている。しかし、日本の酒文化を知るには、前の基準のほうが適しているように思われる。

一　生一本《きいっぽん》　一か所の醸造所で醸造した純米酒。

二　生酒《きざけ》　もろみを搾っただけで加熱処理をしない酒。

三　生貯蔵酒　もろみを搾ったのち加熱処理をしないで貯蔵し、出荷時に加熱処理した酒。

四　原酒　もろみを搾ったまま、水を加えない酒。アルコール濃度が高い。

五　樽酒《たるざけ》　木製の樽で貯蔵し、木の香りのついた清酒を樽や瓶に詰めたもの。

六　純米醸造　米、米麴と水のみを原料とするもの。

七　本醸造　米、米麴、水以外に、醸造用アルコールを原料米一トンあたり一二〇リットル以下の割合で加えたもの。

八　吟醸　純米または本醸造で、しかも精米の歩合が六割以下の白米を使用したもの。淡麗な味の最高級品。

九　手づくり　米蒸しや麴づくりなどを昔ながらの方法で行ったもの。

一〇　秘蔵酒　製造後五年以上貯蔵し、熟成させたもの。

また「酒造法」は、日本酒を「米、米麴および水を原料として発酵させて、漉《こ》したもの」と定義づけている。一九二三年に開発された酒米「山田錦」が醸造米として有名だが、こうした大粒のウルチ米に黄麴菌《きこうじきん》、酵母を加えてつくる酒が、日本酒ということになる。

日本酒を中国の「黄酒」と比べてみると、中国の「黄酒」の原料がキビやモチ米で、レンガ状に固めた麴カビ（餅麴《もちこうじ》）を使用するのに対し、「日本酒」はウルチ米を原料とし、麴カビを二日程度繁殖させた「散麴《ばらこうじ》」を使用するところに特色がある。この麴は日本固有のものである。

室町時代になされていた加熱殺菌

八世紀の『播磨国風土記《はりまのくにふどき》』には、水にぬれてカビが生えた干し飯で酒を醸すと記されており、その頃すでに麹を使って濁り酒（どぶろく）がつくられていたことがわかる。古代日本では酒の醸造を「かもす」といったが、「かたむち（「麹」の意味）」で酒をつくったことに由来するという説がある。

平安時代の『延喜式《えんぎしき》』には酒のつくり方、酒の種類が記されているので、日本酒醸造の基礎が平安時代にはすでにできあがっていたということになる。宮廷行事に必要な酒を、直接宮廷がつくっていたのは古代中国と同じだった。

鎌倉時代になると商品取引の場としての「市」が成長し、幕府や寺院から認可された業者である「酒屋」が酒の製造にあたった。室町時代には酒屋の数が増えて酒屋にかける税が、政府の重要財源になっている。酒の売買が民間にひろがっていたことがわかる。

日本では、酒づくりの技術は主に寺院の僧坊で開発された。絹で漉した「諸白《もろはく》（澄んだ清酒）づくり」、三段仕込みなどの新技術は僧坊で開発されたものである。一四七八年（文明一〇）からの約一四〇年間の醸造記録を収めた『多聞院日記《たもんいんにっき》』永禄《えいろく》一一年（一五六八）元日の条には、発酵を停止させるための技術である「火入れ」がなされたと記されている。この日記では、英俊などの僧が奈良興福寺の塔頭《たっちゅう》のひとつ「多聞院」で行った酒づくりを記録しているが、冬に醸造した酒の火落ち（腐敗）を防止するために、「酒を煮る」こと、つまり「火入れ」をしたと記しているのである。ヨーロッパでは一九世紀後半にパストゥールが低温殺菌法を開発し、ビール、ワインの大量製造がはじめて可能になったが、日本では室町時代に加熱殺菌の技術がすでに開発されていたのである。

酒が結んだ江戸時代の幹線航路

江戸時代になると、伊丹《いたみ》（兵庫）、池田（大阪）、武庫川《むこがわ》河口から生田川《いくたがわ》河口にいたる大阪湾沿岸の灘《なだ》五郷（神戸）が「諸白」の製造で有名になった。灘は、六甲山の麓《ふもと》の長さ二四キロにわたる海岸地帯である。「兵庫、西宮《にしのみや》のうまざけ」として有名になった清酒は、樽廻船《たるかいせん》で人口一〇〇万人を超える酒の大消費地、江戸に送られた。樽廻船とは「樽船」ともいわれ、酒を輸送する大坂、西宮の廻船問屋で使われた弁才船《べざいぶね》で、ほかの商品とは異なり、酒問屋の委託商品の「酒」を専門に運ぶ船だった。短時間に輸送することが「命」となる酒の場合は荷役をスムーズに効率よく行うことが必要であり、酒専門の輸送船が誕生したのである。

一九世紀には一八〇〇石《こく》積みの船が輸送の中心となり、一隻に四斗樽（約七二リットル）が二八〇〇樽以上積み込まれたという。清酒は、江戸時代に日本列島を東西に結ぶ「海の大動脈」を育《はぐく》んだのである。心地よい「酔い」を運ぶための航路である。

灘の酒屋では、酒蔵内部の温度を一定にし、醸造にふさわしい環境を保つために、窓の少ない土壁が用いられたことから、酒屋は「蔵」と呼ばれた。「蔵」は、雑菌の繁殖が弱い冬の時期に行う「寒づくり」で良質の酒を醸造して成功を収めたが、そのために冬の農閑期の農民が出稼ぎ労働力として利用された。それが、「杜氏《とうじ》」という酒づくり集団である。彼らは、一一月から三月にかけて約一〇〇日間の出稼ぎをしたことから「百日稼ぎ」とも呼ばれた。灘の酒を守ったのは、丹波《たんば》の杜氏の力量だったのである。彼ら「杜氏」は次第に専門的な技能集団になって各地で活躍するようになり、日本酒の醸造技術の発達に大きな役割を果たした。

5　インカ帝国のトウモロコシ酒チチャ

太陽の処女が醸した酒

新大陸でも、主穀のトウモロコシを原料とする多様な酒が古い時代からつくられていた。そうしたトウモロコシ酒の代表として知られるのが、インカ帝国（一二〇〇頃―一五三二）

の神聖な酒「チチャ」である。

インカ帝国のクスコは、首都であると同時に太陽神信仰の総本山であり、太陽神であるインカ（王）が住む聖都、「宇宙の中心」と考えられていた。標高三四〇〇メートルの高地に築かれたクスコは、ケチュア語で「臍《へそ》」を意味したが、それが転じて「中心」の意味になったのである。

神インカに仕えるために、全国から選《よ》りすぐられてクスコに集められた若い女性がアクリャ（太陽神に仕える処女）だった。彼女たちはアクリャ・ワシ（処女の館《やかた》）で集団生活をし、酒づくり、糸紡ぎ、織物などにあたった。「チチャ」という酒は、彼女たちがトウモロコシを嚙《か》んでは吐き出し、唾液《だえき》で発酵させた酒のことである。

クスコの中心には、巨大な太陽神殿が建てられていた。クスコを訪れたスペイン人のアコスタは、一二月に行われたカパック・ライミという大祭の際に、聖なる都市の本来の住民以外が市外に排除され、アクリャによってつくられたトウモロコシの団子が全土の神殿などの聖地、各地のクラカ（首長）に配られたことを記している。

祭礼の時には要所要所に「チチャ」が捧《ささ》げられ、酒が大きな役割を果たした。六月には、「インティップ・ライミ（太陽の祭典）」と呼ばれる帝国最大の祭りが行われた。スペイン人の記録によると、祭りの当日、インカは親族たちとともにクスコの広場で昇ってくる朝日を礼拝し、チチャの入った杯を高く差し上げて太陽に捧げた。ついで、太陽に捧げられたチチャの大杯の酒を石造りの導管でつなげられた太陽神殿に向けて流し込み、親族たちとチチャを酌み交わしたとされる。広場に集まった人々にも、アクリャたちによって酒が振る舞われた。

西欧文明を組み入れたチチャ

インカ帝国の人々は、帝都クスコの太陽神殿からあらゆる方向に向かって「セケ」と呼ばれる想像上の直線が伸びていると考えた。彼らは、それぞれの「セケ」に沿ってワカ(礼拝所)を建て、クスコの神聖な「諸家族」がワカの管理にあたった。インカ帝国は、太陽信仰によって維持される宗教国家だったのである。

そのために各地の農地は、「太陽の畑」「インカの畑」「住民の畑」に三分され、人々は共同で「太陽の畑」や「インカの畑」で働いた。民衆と実りをもたらすインカの関係はギブ・アンド・テイクだったのである。

インカは地方にも「処女の館」をつくり、太陽神に仕えるアクリャがつくったチチャを、「太陽の畑」や「インカの畑」で農耕に従事する者たちに振る舞った。チチャを振る舞われることは、民衆にとっては大きな喜びだったのである。

一五三二年にインカ帝国がスペイン人ピサロに滅ぼされたあとも、チチャは飲み続けられ、祭りの時には依然として重要な役割を果たした。スペイン人も、インカの酒文化を征服することはできなかったのである。

ただ、現在のチチャは、トウモロコシを唾液で発酵させる伝統的な製法でつくられてはいない。トウモロコシを水に浸したのち、数日間ムシロで覆って発芽させ、それを天日で乾燥させたあと、石うすで碾《ひ》いて粉にし、鍋で煮たのち、数日間壺《つぼ》に入れて熟成させる方法で醸造される。こうした醸造法は、スペイン人がヨーロッパから持ち込んだものであった。インカ文明の酒文化も、ヨーロッパの酒文化を取り入れることによって姿を変えたのである。

第三章 イスラーム世界から東西に伝えられた蒸留酒

I　中国錬金術とギリシア錬金術の結合

壮大な文明交流が誕生させた蒸留酒

酒は、醸造酒と蒸留酒、混成酒（リキュール類）の三種類に分けられる。醸造酒を加熱し、蒸留し、アルコール濃度を高めたのが「蒸留酒」である。蒸留酒は、ブドウからつくるブランデー、リンゴからつくるカルヴァドス、サクランボからつくるキルシュワッサー、穀物からつくるウイスキー、ジン、ウオッカ、イモ類からつくるアクアビット、焼酎《しょうちゅう》、サトウキビからつくるラム、リュウゼツランからつくるテキーラなど、種類が多い。蒸留酒にハーブ、香料、果実、砂糖、着色料などを加えたものが「リキュール」と呼ばれる「混成酒」である。リキュールは、中世ヨーロッパで錬金術師が不老長寿の酒をつくろうとしたことからはじまり、薬用酒として修道院などでさかんにつくられたが、一八世紀以降砂糖が普及すると現在みられるような多種多様なリキュールがつくられるようになった。蒸留酒と混成酒の二つのグループはいずれも「蒸留」を前提としており、約千数百年前にイスラーム帝国でなされた「蒸留技術」の改良により出現した新しい酒なのである。「蒸留」

こそが、酒の世界を一挙に拡大する偉大な革命だったといえる。

ちなみに「蒸留」とは、水の沸騰点が一〇〇度なのに対してアルコールの沸騰点が約七八度であることを利用し、高濃度のアルコールを得るための方法である。酒を蒸留器に入れて加熱すると、最初にアルコール濃度の高い蒸気が発生する。それを取り出して冷やすと高濃度のアルコール飲料が得られるのである。一回ごとに蒸留を繰り返すのが単式蒸留器（ポット・スティル　pot still）で、一回で三倍の濃度のアルコールを得られ、さらに蒸留すると六〇から七〇パーセントのアルコール飲料が得られた。

蒸留技術の中心をなすのは、いうまでもなく「蒸留器」だが、もともとは酒づくりのために考え出されたものではなかった。金属を変質させ、貴金属を得るための道具として工夫が重ねられたのである。「蒸留器」の開発・改良はイスラーム帝国でなされたが、その背景にはイスラーム商圏のもとでの大規模な東西文明の交流があった。『コーラン』で飲酒が禁止されたイスラーム世界で、蒸留技術が発達したのは皮肉なことである。

イスラーム世界の「蒸留器」は錬金術で使われ、金や銀を人工的につくりだすための道具だった。鉄、鉛などの卑金属を金、銀などの貴金属に変化させて一儲《ひともう》けしようと企《たくら》んだ錬金術師たちが繰り返した実験が、すぐれた「蒸留器」を生み出したのである。伝統的に占星術がさかんに行われていた西アジアでは、実験失敗の原因が星の巡り合わせにより説明されたため、失敗の積み重ねにもかかわらず、根気よく実験が繰り返されたのである。

「汗」と呼ばれた蒸留器

イスラーム世界で錬金術が発達したきっかけは、中国文明とイスラーム文明の出あいだった。中国の「神仙術」という不老不死の薬をつくるための試みが、かたちを変えて貴金属を人工的につくることを目指す「錬金術」になり、「アランビク」という蒸留器が生み出されたのである。「アランビク」の名は、蒸留器のなかでしたたり落ちる蒸気が「汗」を連想させることからつけられたものとされ、アラビア語で「汗」を意味する。

「アランビク」は、イスラーム世界では酒づくりではなく、主に香水の精製に利用されたが、ユーラシアの東と西、アメリカ大陸に伝えられ、各地の醸造酒からさまざまな蒸留酒が生み出された。ヨーロッパのウイスキー、ブランデー、ウオッカ、ジン、西アジアから東南アジアにひろがる「アラック」、中国の白酒、日本の焼酎、メキシコのテキーラなどは、すべて「アランビク」が世界にひろがるなかで誕生した酒である。歴史の教科書には記されていない壮大な文明交流のドラマが、多様な蒸留酒を生み出し、酒場の男たちを唸《うな》らせているのである。

著名な中国科学史家ジョセフ・ニーダムは、イスラーム錬金術の起源を古代ギリシアに求める従来の説を批判し、「中国だけで起こった不老不死の霊薬という概念は、まずアラビア人に伝わり、それからビザンツ帝国の人々に、そして最後にロジャー・ベーコンの時代までにフランク民族あるいはラテン民族に伝わって、化学薬品の動きがはじまった」と述べ、イスラーム錬金術の起源を中国に求めている。

読み直される「不死の薬」

中国では三世紀に葛洪《かっこう》が『抱朴子《ほうぼくし》内篇』を著し、鉛・金・水銀を組み合わせて霊薬を調合する方法を明らかにした。葛洪が重視したのは、変化と回帰の性格をもつ「丹砂《たんさ》（辰《しん》砂《しゃ》）」（硫化水銀［HgS］、焼けば水銀となり放置すると丹砂に戻る）と、不変の性格をもつ「金」を調合することにより得られる不死の薬「丹」だった。「丹」は、鉛や銀などを金に変える作用をもつと主張された。

五世紀に道教が成立すると、錬金術や煉丹《れんたん》術は不老不死を得る確実な方法とみなされて大流行した。道士たちは道教の最高神を祭り、多様な形の炉を金・銀や磁器でつくり、なんとかして「丹」という不老長寿の薬をつくろうと実験をくり返したのである。中国では魏《ぎ》晋《しん》南北朝から唐代（二二〇―九〇七）にかけてが、煉丹術がもっともさかんに行われた時期で、唐代には水銀の入った「丹」を飲んで多くの皇帝が命を落とした。しかし、つぎの宋代になるとしだいに「丹」の効果に疑問がもたれ、煉丹術は衰えていった。

唐代に中国に進出していたイスラーム商人が煉丹術を知ると、天国を信じる彼らは不死の薬には興味を示さず、金属を変化させる錬金術としての側面に着目した。それをうまく応用すれば貴金属の製造が可能になると考えたのである。中国の煉丹術は、アッバース朝(七五〇―一二五八)がユーラシア規模の大交易網をつくり上げた八世紀に、かたちを変えてイスラーム社会に移植されたと考えられている。

アッバース朝のもとで、ペルシア湾のシーラフ港と唐の広州を結ぶ海上交易は活性化し、多くのイスラーム商人が広州などに長期間滞在した。とくに広州には「蕃坊《ばんぼう》」と呼ばれる外国商人の居留地がつくられた。唐末の黄巣《こうそう》の反乱軍が同市を侵略した時に、一二万人に上る外国商人が殺害されたというイスラーム側の記録があるほどである。長期間滞在したイスラーム商人のなかに、道士から煉丹術を学んでイスラーム世界に伝える者が出てきても決して不思議ではない。自分たちのニーズに合うかたちで煉丹術が解釈しなおされたのである。

ちなみにイスラーム世界では、経済がユーラシア規模に拡大していくなかで、金銀の不足が深刻になっていた。経済規模の拡大に金銀の供給が追いつかなかったのである。そのために「小切手」が発達し、帝都バグダードで振り出した「小切手」がモロッコで現金化できるほどだったという。錬金術は、膨張を続けるイスラーム経済の要請を受けることで進歩したのである。錬金術(アルケミー、アラビア語の al-kimia に由来)、アルコール(アラビア語の al-koh'l に由来)、蒸留器(アランビク、アラビア語の al-anbiq に由来)、錬金薬(エリキサ、アラビア語の al-iksir に由来)などの言葉が、すべてアラビア語に由来することが、イスラーム世界での錬金術の成長を如実に物語っている。

金属の変質には蒸留器が必要

イスラーム世界最大の錬金術師は、ヨーロッパで「ゲーベル」と呼ばれるジャービル・イブン・ハイヤーンだった。彼が活躍したのはアッバース朝初期だが、その生涯は謎に包まれている。ハイヤーンは、アリストテレスの鉱石・金属理論や中国の錬金術などを踏まえ、独自の錬金術の理論を唱えた。彼は、すべての金属が男性原理としての「硫黄《いおう》」と女性原理としての「水銀」の結合によって形成されるとして「物質の転換」を説明し、両者の組み合わせを変化させることで、卑金属から貴金属への転換が可能になると説いたのである。

「硫黄」は、金属の染色を中心とするエジプトの錬金術でも、金属を黄金化する物質と考えられていた。「水銀」は、固体、気体、液体というように変幻に姿を変える特殊な物質で、金や銀を溶かしてアマルガムにする金属として注目されたのである。ハイヤーンは、錬金術の目的は世界のすべての調和（ミザーン、秤《はかり》の意味）を探求することであるとして、「調和をもたらす物質」を「アル・イクスィール」と呼んだ。アラビア語の定冠詞アルを除いた「イクスィール」は、のちにヨーロッパで「エリクシール（「賢者の石」、卑金属を貴金属に変える錬金石）」と呼ばれた。

彼の跡を継いだ錬金術師たちは、金、水銀、硫黄、塩、ヒ素、酸などを扱い、試薬や実験方法の幅広い知識をもつようになった。実験が何回も繰り返されたが、イスラーム錬金術では固体を液体に変え、さらに気体に変える「蒸留」こそが貴金属生成の鍵《かぎ》として位置づけられた。実験が積み重ねられるなかで、「蒸留器（アランビク）」が改良されていく。錬金術師たちは、その道具がのちの世代の人たちに蒸留酒という新しい酒をもたらすなどとはまったく考えてはいなかったのだが。

「アランビク」は、やがて商人たちの活発な商業活動により、イスラーム世界からユーラシアの広大な地域をゆっくりと東と西の両方向に伝えられた。東のアラック、焼酎《しょうちゅう》、西のウイスキー、ブランデー、ロシアのウオッカというように各地に新しい酒、蒸留酒を出現させたのである。日本でも、琉球《りゅうきゅう》が東南アジア各地との活発な交易を行うなかで、タイのアユタヤ朝から「泡盛《あわもり》」をもたらし、のちにポルトガル人が南蛮医学とともに「アランビク」という蒸留器を伝えた。アランビクは訛《なま》って「蘭引《ランビキ》」と呼ばれ、日本国中にひろまっていった。

2　『コーラン』もさすがに飲酒は阻めなかった

飲酒は天国でせよ

現在、世界人口の五分の一を占める約一三億人のイスラーム教徒は、神の言葉を集めた『コーラン』により飲酒を禁止されている。

伝承によると、教祖ムハンマドは友人の結婚式に列席した翌日に、酒による争いと流血の惨事を目にし、酒を呪って信徒に飲酒を禁じたとされる。ムハンマド自身も、あまり酒が好きではなかったのだろうか。イスラーム教徒の世俗的な生活の基準ともなっている『コーラン』は、賭博《とばく》、占い、偶像崇拝などと並び、飲酒をサタンの業として禁止している。そうしたイスラーム教の規範が、メソポタミア、エジプト文明以来の長い酒文化の伝統をもつ西アジア、中央アジアの飲酒文化を衰退させたのである。

西アジア、中央アジアの伝統的なワイン醸造は、一部分が残ったものの後退し、果食用・レーズン用のブドウの栽培への転換が進んでいった。そうしたこともあり、イスラーム世界の蒸留技術は、主に薔薇水《ばらすい》などの香油、香料の精製に生かされた。しかし、いくら

『コーラン』が飲酒禁止をうたっても、古くからなじんできた「酒」と決別するのは簡単なことではない。いろいろな理由がつけられて、イスラーム世界の酒は生き延びていった。「建前」と「本音」は違う。『コーラン』は天国に行ってから酒を飲めというけれど、飲みたいのは「今」であるということである。

イスラーム帝国の心臓部イラクでは、メソポタミア文明の時代からナツメヤシの実を原料とし、簡単な蒸留器（アランビク）によりつくられる蒸留酒「アラック」が飲まれていたが、それは現在でも依然として飲まれ続けている。またレバノン（かつてのフェニキア）でも、ブドウを原料とする蒸留酒「アラック」がつくられている。このように中東の一部でも蒸留器が蒸留酒の製造に役立っている。

酒はアダム以前からあった？

初期のアッバース期でも、なかば公然とワインやヤシ酒が飲み続けられていた。その時期に、公然と飲酒の楽しみを歌った「酒の詩人」がアブー・ヌワースである。彼の詩はイスラーム世界で評判を呼び、多くの人々に読まれた。彼は『アラビアン・ナイト』にも登場するので、かなりの有名人物だったと思われる。アブー・ヌワースは、このように言う。

それでも私は盃が好き、たとえ財産をつぶし、評判を落とすことになっても。

黄色い酒、ペルシャ人の長達《おさ》が称えた何処《どこ》にも比類のないものだ。
アダムの創造以前に仕込まれ、アダムに先んじて存したものだ。
酒の何かが君をとらえたが、それは叡知《えいち》の本能でしか感得できないものだ。
酒の表面をみつめれば、それはよどまず、清らかに澄み渡っている。

（塙治夫訳　岩波文庫『アラブ飲酒詩選』）

アブー・ヌワースの詩は、人類の始祖アダムが出現する以前から酒は存在していたとして飲酒を讃《たた》えるが、どこか背徳の苦しみ、開き直りがあるように思われる。イスラーム教の強い戒律が頭を離れなかったからであろうか。あるいは社会の建前と生きる喜びの狭間《はざま》での苦悩だったのだろうか。多くのアラブ人が彼の詩を愛読するのも、そうした感情に共鳴するからなのかもしれない。

飲酒を捨てなかったトルコ人

中央アジアの遊牧トルコ人は、スンナ派とシーア派の抗争で混乱したアッバース朝で傭《よう》兵《へい》として利用され、やがてイスラーム帝国を乗っ取ってしまった。彼らは、一五世紀から一六世紀にかけてイスラーム帝国とローマ帝国の栄光を引き継ぎ、三大陸に跨《また》がる巨大なオスマン帝国をうち建てる。

オスマン帝国の栄光を継承するトルコ共和国は、人口の九割以上がイスラーム教徒だが、堂々と「ラキ」という強烈な酒を飲み続けている。『コーラン』が求める禁酒は「節度のない飲酒」を戒める意味であり、適度な飲酒は差し支えないという都合のよい解釈が、トルコ社会の飲酒ルールになっている。トルコ人は、柔らかくイスラーム信仰と飲酒を両立させているのである。

「ラキ」は、慣れない日本人にはとても飲めない癖の強い蒸留酒である。「ラキが飲めるのなら、ほかの酒で飲めないものはない」とでもいいたくなるような酒なのだが、慣れるとけっこううまいようである。「ラキ」が蒸留酒を意味するアラビア語「アラック」の省略形であることはいうまでもない。

「ラキ」は、砕いたブドウの茎にアニス（ウイキョウ）を加えて発酵させ、蒸留器で何回も蒸留してアルコール度数を高めた酒で、最低でも四五度の度数があり、ものによっては七〇度にもおよぶという。ラキは通常は無色透明なのだが、水を加えると酒に含まれているアニスがコロイド状に変化し、見事に白濁する。

もともと中央アジアの草原で馬乳酒を飲んでいたトルコ人にとって、その乳白色はなんともなつかしかったようである。ラキには、「ライオンの乳」などという誇らしげな名前がつけられている。オスマン帝国の支配下にあったギリシアにも、「ウゾ」と呼ばれる同様の酒がある。

3　イスラーム商圏がロシアに誕生させたウオッカ

限りなく水に近づきたい

ロシアは、長い冬と厳寒の国であり、多くの大河をもつ森の国でもある。そうした「森の国」ロシアで生まれた、アルコール分四〇パーセントから五〇パーセントの磨き抜かれた蒸留酒が「ウオッカ」である。

ウオッカは、ロシア語の「水（ヴァダー）」から転じた愛称で、「水、液体」の意味である。ウオッカは大変にパワフルな酒だが、ロシア人にとっては「水」に近いイメージなのであろう。というのもウオッカには原料についての面倒な規制がなく、良質のアルコール分が取れさえすればよしとされるからである。そこで原料として小麦、大麦、ジャガイモなどいろいろなものが用いられることになる。「なんとおおらかな！」とも思うのだが、徹底的に蒸留してしまうので、デンプンでありさえすれば原料はなんでもよいのである。日本の焼酎の原料が、イモ、ムギ、コメ、トウモロコシなどと多様なのと同じである。

ウオッカは、精密な蒸留器で蒸留したあと、白樺《しらかば》の活性炭を隙間なく詰めた濾過筒《ろかづつ》をゆっくりと何回も通過させて不純物を取り去り、限りなく「水」に近づけることによりつくる酒である。不純物を取り除き、最後は不純物を〇・二パーセント以下にするというから大変なものである。酒から不純物が取り去られるとともに、酒の匂いや風味も取り除かれてしまうが、それでよしとするのである。

一八一〇年にサンクト・ペテルブルクの薬剤師アンドレイ・スミルノフが、活性炭を使った濾過法を考え出したあと、ウオッカはきわだってクセのない酒になった。無臭、無色透明がウオッカの特色である。貯蔵にも匂いのある木樽《きだる》は用いず、ステンレス、ホウロウのタンクを用いるほど余分な味をつけないことに徹している。一九世紀に、ウオッカは貴族たちが愛飲するアルコール飲料の座を占めるようになった。しかし、強い酒の常用は人間を壊してしまうものである。ロシア帝国の最後の皇帝ニコライ二世は、健康を害するという理由からウオッカの度数を四〇度に制限している。

ウオッカには、ウイスキーやブランデーのように熟成の過程で新しい香りをつけ加え、味を引き出し、風味のあるアルコール飲料をつくり出すという発想はまったくない。余分なものを徹底的に取り除いて純化していく発想である。そして最後に、「森の女王」白樺の樹液のような癖のない酒が残ることになる。ウオッカは一般には鉱泉水、あるいはトマトジュースで割って飲む。

ユーラシアの大草原から拓けたロシア

ウオッカ製造の歴史は大変に古い。モスクワ公国（一二七一―一五四七）の時代の記録に、農民が飲む地酒としてウオッカは登場する。もっとも一一世紀にポーランドですでに飲まれていたという説もある。いずれにしてもロシアがモンゴル人の支配下に入った一三世紀には、すでにウオッカが飲まれていたようである。蒸留酒ウオッカの歴史は長いのである。

「アランビク」という蒸留器がイスラーム世界で開発されたこと、ロシアがバグダードに大量の毛皮を供給し、カスピ海、ヴォルガ川を経由してイスラーム文明の影響を強く受けたことを考えると、スペインからヨーロッパに蒸留器が伝わったのとは別系統で、イスラーム世界からヴォルガ川経由で直接ロシアに蒸留器が入ったと考えるのが妥当であろう。ロシアは、一三世紀から一五世紀にかけて「タタールの軛《くびき》」と呼ばれるモンゴル支配の時代に入り、ロシアの中心部を流れるヴォルガ川下流の都市サライを都とするキプチャク・ハン国に支配された。中央アジアの遊牧民モンゴル人、トルコ人が、南からロシアを支配したのである。その際にモンゴル人とともに多くのイスラーム商人がロシアに進出した。当然、イスラーム文化の一部として「アランビク」がひろまったと考えてもおかしくはない。

ヨーロッパ諸地域で蒸留酒が「生命の水」と呼ばれたように、ロシアでも最初は蒸留酒は「ジズニェイチヤ・ヴァダー（生命の水）」と呼ばれていた。それが「水」を表す平凡なロシア語「ヴァダー」に変わり、一六世紀のイワン雷帝の時代に「ヴァダー」の愛称である「ウオッカ」という呼び名に変わったとされる。ヴァダーという呼び名に変わった理由が、蒸留酒が日常化したためなのか、酒を意味する呼称を嫌ったためなのかは不明である。

ロシア革命とウオッカの世界化

とにもかくにも、寒冷なロシアでは火のような酒ウオッカが生活に欠かせなかった。一九世紀のロシア帝国の財源の三割が、ウオッカの酒税といわれるくらい、膨大な量のウオッカが飲まれたのである。

面白いことに一九一七年のロシア革命が、ウオッカを世界の名酒に変えるきっかけを与えた。革命政府は一時ウオッカの製造・販売を禁止するが、革命を嫌い、パリに亡命した白系ロシア人、ウラジミール・スミルノフがウオッカの製造をはじめ、それを機にヨーロッパにウオッカがひろまったのである。世界恐慌後、アメリカで禁酒法が廃止されるとアメリカの巨大な酒市場に亡命ロシア人のクネットが着目した。一九三三年、アメリカに亡命中だったクネットは、スミルノフ・ウオッカのアメリカとカナダでの製造権と独占的販売権を買い取り、大量生産に乗り出すことになる。ウオッカはカクテルのベースとして大変に好まれ、アメリカはたちまち世界屈指のウオッカ消費国になっていった。

4　ペストの恐怖が育てたブランデーとウイスキー

絶望と恐怖が生んだスピリッツ

蒸留器は地中海経由でヨーロッパに入り、新しい酒文化を拓《ひら》いた。ちなみに「蒸留」とは、アルコール分を含んだ液を加熱してアルコールなどの揮発性の成分を蒸発、気化させ、その後それを冷却器で冷やし、液体に変えて回収することである。そのような手順でつくられるアルコール飲料が蒸留酒である。

イスラーム世界で生み出された「アランビク」はエジプトに伝えられ、北アフリカ、イスラーム教徒が支配するイベリア半島を経由してヨーロッパに伝えられた。スペイン語の「alambiquê」、フランス語の「alambic」、英語の「alembic」というようにアラビア語「アランビク」が変遷していったことが、蒸留器がイスラーム世界からヨーロッパ各地に伝播《でんぱ》したことの証拠である。

蒸留器がヨーロッパで新しい蒸留酒を生み出すようになるきっかけが、一四世紀半ばの確実に死に導くと恐れられたペスト（黒死病、ブラック・デス）の流行だった。中央アジアを経てヨーロッパに伝えられたペストへの恐怖が「生命の水」を求めたのである。ペストは、ネズミに寄生するノミが媒介する雲南地方の風土病だったが、モンゴル帝国の大ネットワークを経由してヨーロッパに伝えられた。一三四七年から七〇年のペストの大流行により、ヨーロッパ総人口のほぼ三分の一にあたる二五〇〇万人から三〇〇〇万人の人命が失われたとされている。エジプトや北アフリカでも、ほぼ同様だった。ペストの大流行は、人類の絶滅を予感させるほどすさまじかったのである。そうしたなかで、「不死の霊酒」である「生命の水」さえ飲めば絶対ペストにかからないという、根拠のない説が流布されたのである。すがれるものならば何にでもすがりたいという絶望的な雰囲気のもとで「生命の水」がひろまっていったのである。

一四世紀中頃の百年戦争（一三三九―一四五三）中のペストの大流行が、フランスにおいて「アランビク」で蒸留された新タイプの酒を出現させた。ブランデーのことを、「オー・ドゥ・ヴィ（「生命の水」の意味、Eau de Vie）」と呼ぶのはそこからきている。ワインからつくるブランデーは、「オー・ドゥ・ヴィ・ドゥ・ヴァン」と呼ばれている。蒸留酒は、アルコール分が高いために火をつけると炎となることから、酒の中の「火の精」が身体に活気と精力をもたらすと考えられたのである。そうした意味合いから蒸留酒は、「スピリッツ（魂）」とも呼ばれている。

生命を守る「魔法の水」の製法は、異常な社会状況のもとにヨーロッパ各地に伝播した。たとえば、ウイスキーの語源はゲール語で「生命の水」を意味する「アスキボー」であり、これがのちの「ウイスキー」という呼び名に変わった。北欧の蒸留酒アクアビットも、ラテン語の「アクア・ヴィタエ（aqua vitae、生命の水）」に由来する。猛威をふるうペストが、蒸留酒という新しい飲酒文化をひろめたのである。

そうした状況下で、修道院などでは「生命の水」に薬草を加えた生命を維持するための秘薬がさかんにつくられた。それが多くのリキュールの誕生につながる。フランスのラ・グランド・シャルトルーズ修道院でつくられた、白ワインを蒸留したブランデーに一三〇種類の薬草を加えてつくった「シャルトルーズ」は、「リキュールの女王」と呼ばれ、現在も三人の修道士によって秘密裏に薬草の配合がなされ、民間に委託して販売が続けられている。このリキュールは、一八世紀にこの修道院の神父ジェローム・モーベックが貴族の信者から不老不死の処方を贈られ、それをもとに完成されたといわれる。

アイルランドで誕生したウイスキー

「エメラルドの島」という異名をもつアイルランドに「アランビク」が伝えられ、「アクア・ヴィタエ（生命の水）」の醸造が始まったのは一四世紀のペスト大流行の以前だったようである。一一七二年、イングランドのヘンリー二世（位一一五四―八九）が率いる大軍がアイルランドに侵攻したとき、すでに大麦でつくられたビールを蒸留した酒が飲まれていたとされるのが理由になる。アイルランドでは、五世紀にキリスト教の布教に専心したアイルランドの守護聖人セント・パトリックが蒸留法をひろめ、ウイスキーの前身「アスキボー（usquebaugh）」を生み出したとされているが、セント・パトリックと蒸留技術を結びつけるのは時期的に少し無理がある。しかし、錬金術の知識をもつ修道僧などがウイスキーの製造にかかわったことは間違いがなさそうである。アスキボーは、ラテン語の「生命の水（aqua vitae）」から変化したケルト語である。

「アスキボー」の特色は、スコットランドのウイスキーのようにピート炭で麦芽を乾燥せず、石炭のみを使うところにある。麦芽を乾燥させるための豊富な石炭があったのである。そのため、アイリッシュ・ウイスキーにはスコッチのような煙臭さがなく、スッキリした味わいがある。アイリッシュ・ウイスキーは、「アランビク」を改良した単式蒸留器で三度も蒸留を繰り返すために軽くて柔らかいという特色もある。ちなみにスコッチ・ウイスキーの蒸留回数は二回である。現在は、アイリッシュ・ウイスキーもスコッチと同じように、バーボン、ラム、シェリーなどの樽《たる》、あるいはホワイト・オークの樽を使って三年以上熟成させるために姿を大きく変えている。

かつて、オランダやイギリスの文化に憧《あこが》れ、サンクト・ペテルブルクを建設するなどロシアの西欧化を熱心に進めたピョートル大帝（位一六八二―一七二五）が、「最高のウイスキーは、アイリッシュだ」と言った話は有名である。

アイルランドの「アスキボー」は、やがてスコットランドに伝えられて「ウイスケボー(uisgebaugh)」と呼ばれるようになり、さらに「ウスカー(usqua)」「ウスキー(uskey)」と簡略化された。それが、現在の呼称ウイスキーにつながる。現在、ウイスキーの英語綴《つづ》りには語尾がkyで終わるものと、keyで終わるものがあるが、アメリカ合衆国の法律では、スコッチ・ウイスキーをWhisky、アイリッシュ・ウイスキーをWhiskeyと書き、両者を区別している。ちなみにアイルランド系の移民が多いアメリカ合衆国は、アイリッシュ・ウイスキーの最大の消費国である。

密造が育てたスコッチ

北海道とほぼ同じ面積をもつスコットランドのウイスキー(スコッチ)の製法は、隣島のアイルランドから伝わってきたとされる。伝播の時期は不明だが、一説によると、一二世紀後半のヘンリー二世(位一一五四―八九)のアイルランド遠征の際ではないかとされる。

スコットランドの清らかな水、麦芽を乾燥させるのに使われたピート(草炭、乾燥泥炭)はウイスキー製造に適しており、コクがあり、香りのよいウイスキーが生み出された。一四九四年のスコットランドの公文書には、「八ボル(約一二〇〇キロ)のモルト(発芽した穀物）を修道士ジョン・コーに与え、それでアクア・ヴィテを造らしむ」と記されている。

一七〇七年にスコットランドがイングランドに併合されると、当時イングランドで課されていた高額の麦芽税がスコットランドでも課されることになった。そのためにスコットランドの酒にかかる税が一挙に一五倍に跳ね上がる。そこで税を逃れるために、スコットランドの醸造業者は密造酒をつくりはじめることになった。山奥に入りこみ、天日で麦芽を乾燥させ、人目につかないように山の中に堆積しているピート炭（草炭）を焼いて麦芽を乾燥させ、「ポット・スティル（pot still）」という金属製の缶の先端を細目に絞って、ハクチョウが首を伸ばしたような独特の形に折り曲げた小型の蒸留器で密《ひそ》かにウイスキーを製造したのである。製造されたウイスキーは、徴税官の目を逃れるためにシェリー酒などの古い空樽に隠された。ところが飲んでみると、琥珀《こはく》色に熟成したウイスキーにはシェリー酒の匂いと木の香が浸《し》み込んでおり、大変に味がよかった。酒税官の目を逃れるため空樽に詰めて山奥に隠すという行為が、独特の風味を生み出したのである。偶然のなせる技は、時に素晴らしい。現在でも、密造酒のことを「ムーン・シャイン（月明かり）」とか「マウンテン・デュー（山の露）」と呼ぶのは、スコッチ誕生の歴史を物語っていて、興味深い。

合法化そして大量生産に

スコットランド北部ハイランド地方で蒸留されるモルト・ウイスキーは、大麦の麦芽だけを原料とし、発酵後に単式蒸留器で二回蒸留し、ホワイト・オークの樽でじっくりと熟成したウイスキーのことである。それぞれの蒸留所《ディスティラリー》は、ピートの炊き込み方、蒸留器の形状、状態、熟成の仕方がそれぞれに違っていたことから、異なる風味のウイスキーがつくり出された。

各地でつくられたウイスキーは、個性豊かな水、ピート炭の焦げ臭い燃焼臭（スモーキー・フレーバー、smoky flavour）が混じったことで、癖のある味わいをもった。「ピート」は、スコットランドに群生しているヒースという灌木《かんぼく》が堆積して炭化した泥炭のことである。

現在、ポット・スティルでウイスキーを醸造するスコットランドの醸造所は、花崗岩《かこうがん》と珪岩《けいがん》の地層からわき出る清冽《せいれつ》な水を集める北部のスペイ川流域を中心とし、アイラ島、スカイ島などを含め約一〇〇か所にあるが、稼働しているのは約八〇か所とされる。このような個性の違うウイスキーを、ほかの醸造所のウイスキーと混ぜ合わせずに、蒸留所内部で混ぜ合わせて商品化したのが「シングル・モルト・ウイスキー」である。たとえば、アイラ島のウイスキー「ラフロイグ」は、ピートと海草を混ぜて麦芽を燻蒸《くんじょう》し、潮風で乾燥させるために、特有のヨード臭さをもっている。

意外にもイングランドでは長い間ビール、ワイン、コニャックが飲まれており、スコッチ・ウイスキーはほとんど飲まれていなかった。交通機関が未発達なため、北スコットランドで小規模に製造されるローカルな密造ウイスキーを、イングランドの人々が知らなかったとしても決しておかしな話ではない。ヨーロッパ経済が活性化する一七世紀になるとウイスキーの取引が活発になり、モルト・ウイスキーの生産地、北部ハイランド地方の清流スペイ川流域とスコットランド南部の間の取引がさかんになった。スコッチ・ウイスキーの商品化である。産業革命後、ウイスキーの需要が増加していく。そうしたなかで、一八二四年にグレンリベットに住むジョージ・スミスという農民が、それまでの秘密の醸造所を大規模な施設に建て直し、政府から免許を得て合法的なウイスキーの生産を始めた。密造ウイスキーの時代から大量製造時代への転換だった。

5 「液体の宝石」リキュール

富豪メディチ家が広めたリキュール

蒸留酒に香料、香草、果実、薬草、甘味料などを加えて、それぞれ独特な風味づけをした酒がリキュール (liqueur) である。リキュールは薬用酒、あるいは強壮剤として愛飲された。

古代ギリシアの医学者ヒポクラテス（前四六〇—前三七五頃）が、薬草をワインに溶かしたのがそのはしりとされる。中世ヨーロッパでは、スペイン生まれの錬金術師アルノー・ド・ヴィルヌーヴ（一二四〇頃—一三一一頃）によりいろいろな試みがなされた。薬用酒は健康によい成分を溶け込ませているので、ラテン語の「溶け込ませる」の意味で「リファケレ」と呼ばれ、それが転じて「リキュール」となったとする説がある。ラテン語で「液体」を意味する「リクオル」を語源とするともいわれる。

十字軍の遠征のなかで蒸留器がヨーロッパにもたらされると、修道僧たちは付近の野草のハーブを摘んでアルコールに加え、不老長寿の秘薬エリクシールづくりに挑戦した。リキュールは、錬金術とも強いかかわりをもっていたのである。

フランスの宮廷にリキュールが定着するきっかけが、一五三三年のフィレンツェの豪商メディチ家の娘、一四歳のカトリーヌ・ド・メディシス（一五一九—八九）のフランス王子アンリ（のちのフランス国王アンリ二世）への輿入《こしい》れだった。当時は豪商メディチ家の全盛期で、教皇もメディチ家出身のクレメンス七世だった。

カトリーヌ・ド・メディシスの輿入れは、富と権力が手を結ぶ典型的な政略結婚だった。メディチ家のステータスは、いうまでもなく膨大な富と洗練された生活にある。輿入れの際にカトリーヌ・ド・メディシスは多くの従者を伴ってきた。新しい文化の組織的導入である。彼女がもち込んだ習慣がフランスのマナーを大きく変えることになる。たとえば、魚料理には白ワイン、肉料理には赤ワイン、食後酒（ディジェスティフ）にはリキュール、という新たなマナーが生まれた。

リキュールは時には薬用酒、時には媚薬《びやく》として使われ、上流階級のファッショナブルな飲みものになった。カトリーヌ・ド・メディシスの従者のリキュール職人がつくった傑作とされるのが、ワインの蒸留酒をベースに、セリ科のアニス、アジアからもたらされたシナモン（肉桂《にっけい》）、麝香《じゃこう》、イカを餌にするマッコウクジラが吐き出した分泌物である竜涎香《りゅうぜんこう》を加えた強壮酒、催淫酒《さいいんしゅ》の「ポプロ（Populo）」である。シナモン、麝香、竜涎香はいずれも当時のヨーロッパではめったに手に入らない高価なアジアの香料だった。ポプロは金満家のメディチ家らしく金に糸目をつけないアルコール飲料だったのである。メディチ家といえども庶民は庶民である。存在を誇示するには、こうした贅沢《ぜいたく》が欠かせなかった。

薬剤師になった商人

昔は「薬」が、魔術的なものとしてとらえられていた。魔力をもつものが、「薬」と考えられたのである。ローマ帝国で護符が薬とされ、ヨーロッパ中世に聖人の遺物が薬効をもつとされ、イスラーム世界で宝石に薬効があるとされたのは、それを示している。メディチ家のポプロにならって、フランスで最初につくられたリキュールがロー・クレットである。

ヨーロッパ中世に「薬の調合」にあたる人は、「アポティケール（apothicaire)」と呼ばれた。それはギリシア語の「アポテーケー（「予備にとっておいたもの」「ワイン蔵」「食品店」の意味）」に由来する。「アポティケール」は、もともとは健康の維持、病気の治療に有用な生薬を取引する商人を指したが、実際にそうした商人はコショウ、香料などの商品を販売し、豊富な商品知識をもっていた。医師は最初、薬の調合を遠くの地方から薬剤を取り寄せて調合する「ピグメンタリウス」に委《ゆだ》ねていたが、やがて「アポティケール」という商人にまかすようになった。その結果、香辛料を販売する生薬商人がしだいに「薬を調合」する技術者に身を転じ、「薬剤師」になったのである。

メディチ家は、家紋がコショウの粒の丸薬であることからわかるように、もともとは薬種問屋でもあった。当然、薬の調合はお手のものだったのである。リキュール「ポプロ」の製造などは簡単だったのだろう。薬剤師は医者をも兼ねていたために、カトリーヌ・ド・メディシスは従者の一人に薬剤師を加えたのであろう。

リキュールはやがて健康を保持し、欲望を刺激する酒として宮廷人のあいだにひろがっていった。ルイ一四世は六〇歳を過ぎて衰えた体力を回復するために、医師団が調合した「ロソリ（rosolis)」を愛飲したという。ロソリは、ブランデーに麝香、バラ、オレンジ、ユリ、ジャスミン、シナモン、クローブを調合したなんとも贅沢なアルコール飲料だった。

王が好んだロソリは評判を呼び、宮廷にひろまっていく。宮廷の軽薄な貴婦人たちは、社交界のパーティーで華やかに身を飾る宝石やきらびやかな衣装に合わせてリキュールを選び、製造する職人も競って宝石のような彩りのリキュールを工夫した。リキュールは、フランスの宮廷ファッションとともにヨーロッパ各地の社交界にひろまっていく。フランスのリキュール文化が、ルイ一四世の時代に基盤をもつというのはそのためである。現在も、フランスは世界に冠たるリキュール大国である。

6 東伝した蒸留器が生んだアラックと焼酎

インド、東南アジアのアラック

イスラーム世界から東方のインド、東南アジア、東アジアにも、「海の道」に沿って蒸留器「アランビク」と蒸留技術が伝えられた。西アジアの「アラック」から日本の焼酎《しょうちゅう》にたどり着く、長い長い旅の始まりである。

まず西アジアからインドに「アランビク」が伝えられ、蒸留酒がつくられるようになった。現在のインドには、米、糖蜜、ヤシ酒を発酵させたあと、単式蒸留器で二回から三回蒸留する「アラック（Arrak）」という蒸留酒がある。アルコール分四五度から六〇度というかなり強い酒で、すっぱく、水を加えると白濁する。

「アラック」は、外来の「アランビク」による蒸留技術と伝統的な米、糖蜜、ヤシを原料とする酒の製法を混ぜ合わせた国際的な酒である。イスラーム世界とインド世界の交易が培った「アラック」は、両文化融合の成果とみなすことができる。エジプトの酒「アラキ」、トルコの酒「ラキ」、リビアの酒「ラグビ」などもアラックとして扱われる場合がある。要するにアラックは、イスラーム商人の大商圏が生み育てた酒なのである。やがてインドの酒「アラック」は、インド商人の交易先セイロン島、東南アジアのスマトラ、ジャワ、タイなどに伝えられた。

インドシナ半島のチャオプラヤ川流域に形成されたタイ人の交易国家アユタヤ朝は、イスラーム、インド、東南アジア、ヨーロッパなどの広い地域から商人を集め、熱心に異文化を吸収し、独自の混合文化を育てた。蒸留器「アランビク」を使って酒をつくる技術も洗練化され、コメを使った良質の蒸留酒がつくられた。アラックは、江戸時代にオランダ人により日本にも伝えられ、「あらき酒」「阿刺木酒」「阿刺吉」「荒木酒」などと呼ばれて珍重されている。

潮風に乗り琉球に伝えられた泡盛

日本への蒸留酒の伝播《でんぱ》に関しては諸説あるが、一五世紀後半に交易先のタイ（シャム）のアユタヤ朝から琉球（沖縄）に伝播したとする説が有力である。現在でも、沖縄の焼酎「泡盛《あわもり》」がタイ米を主な原料にし、カビの一種の黒麹菌《くろこうじきん》でつくったモロミを蒸留した酒であることが、そうした結びつきを物語っている。琉球王朝による東南アジア諸地域との活発な交易活動が蒸留技術の伝来の基礎となる。

モンゴル帝国は、ユーラシア規模で陸・海の交易ネットワークを結びつけ、空前の経済的活況を生み出した。海上でも中国商人の積極的活動がみられた。当時の中国商人は、インド、ペルシア湾にいたる広大な海域で活躍したのである。ところがモンゴル勢力が後退したあとに成立した明帝国は、中華帝国の秩序を再編するために、海の世界からの後退を決意する。明帝国は、勘合貿易により海外貿易を政治的に統制し、海禁政策により民間商人の海外貿易を禁止するという思い切った政策転換を行ったのである。しかし、そのためにそれまで大量に流入していたインド、東南アジアの香辛料、香木の輸入がストップしてしまった。

そこで、明帝国の第三代皇帝永楽帝《えいらく》は、イスラーム教徒の宦官《かんがん》、鄭和《ていわ》に二万七〇〇〇人が乗り組む大艦隊を率いさせ、インド、西アジアに派遣して大規模な官営貿易を行わせた。しかし、出費がかさんだこともあって、遠征は七回で中止された。その後、明帝国は、東南アジアとの貿易に琉球を利用する政策に転じる。明は琉球に貿易船を無償で供与し、多くの福建人《ふっけんじん》を移住させ、勘合符なしに自由に港に出入りできる特権を与えたのである。そうしたことから一五世紀中頃から一六世紀初頭にかけて、琉球は東南アジア、明帝国、日本、朝鮮をつなぐ、東アジア貿易のセンターになった。当時、東南アジアの交易センター、マラッカとともにタイのアユタヤ朝も熱心に海外貿易を推進しており、タイに伝播していた「アランビク」と蒸留酒の製造法が琉球に伝えられて「泡盛」になったのである。ポルトガル人の文献にも、琉球人は「レケオ」の名で登場してくる。「泡盛」という呼称の起源は、醸造する時に泡が盛り上がる、あるいは杯に泡が盛り上がるなどの諸説があるが、かつては泡盛を次々に茶碗に移しかえ、一〇回以上移しても泡の出るものが名品とされた。

琉球に伝えられた蒸留器「アランビク」は、サツマイモなどとともに薩摩《さつま》（鹿児島）に伝えられた。一五四三年の鉄砲伝来から三年後に薩摩を訪れたポルトガル人のジョルジュ・アルバレスは、薩摩に米の焼酎があると記している。鹿児島県大口《おおくち》市郡山八幡の社殿から発見された一五五九年（永禄二）の大工の落書きは、座主がケチで一度も焼酎を振る舞わなかったと記している。焼酎が庶民も飲めるアルコール飲料になっていたことがわかる。

琉球の焼酎はタイ米から離れることができず、あくまで伝統的な製法を固守した。現在でも泡盛は、タイ米による製造が望ましいとされている。しかし、そうした特殊な原料を確保するのが困難な薩摩では、火山灰地で大量に生産できるサツマイモを蒸して醸造し、それを蒸留するイモ焼酎が考え出された。一七八三年に薩摩を訪れた橘南谿《たちばななんけい》の『西遊記』（一七九五）には、「薩摩は琉球芋でも酒をつくるなり。味甚だ美なり。からんいも焼酎という」と記されており、一八世紀末にはすでに薩摩焼酎がつくられていたようである。それ以降、焼酎はムギ、ソバ、黒砂糖など多様な原料を使う時代に入る。

江戸時代になると、焼酎は日本全国にひろがった。焼酎が「アラキ」「荒木酒」と呼ばれるのは、西アジア、インド、東南アジアの「アラック」と同じ呼称であり、イスラーム世界からの蒸留技術の波が琉球を通って、日本列島にいたったことを物語っている。世界史の大きなうねりが、「海の道」を通って日本列島にまで到達したのである。

蒸留器は「羅牟比岐《ラムビキ》」「蘭引《ランビキ》」とも呼ばれるが、その語がアラビア語の「アランビク」からきていることはいうまでもない。焼酎を飲みながら、茫洋《ぼうよう》としてひろがるインド洋、南シナ海の潮風を感じるというのもなかなかのものである。

古い焼酎と新しい焼酎

薩摩焼酎に起源をもつ日本の焼酎は現在、本格焼酎（乙類焼酎）と甲類焼酎に分けられる。前者は、簡単な単式蒸留器を使うために、原料の発酵液の香りや特色が強く残り、ウイスキーでいうとシングル・モルト・ウイスキーのような独特な味わいをもつ。

後者は、産業革命期にイギリスで開発された連続蒸留器が、日清戦争後の一八九五年（明治二八）頃に日本に入ったことにより姿を現した。明治四〇年代にアルコール純度の高い焼酎が、大量に製造されるようになったのである。甲類焼酎（ホワイト・リカー）は、効率が高くなるぶん、発酵液の特性は失われ、癖のないアルコール飲料になっている。ウイスキーでいえば、グレン・ウイスキーのようなものである。この新しい焼酎は、在来型の「旧式焼酎」に対して「新式焼酎」と呼ばれたが、それが現在の乙類、甲類に改められたのである。

日本の本格焼酎が、世界各地の蒸留酒と異なる点は、コメ、ムギ、イモ、黒糖、ソバなどの原料の個性が強く残されている点である。蒸留されても、原料、製造地などが特定できる醸造的な手法で蒸留酒がつくられていることによる。

連続蒸留器でつくられる新しい焼酎は、複雑な味わいを欠いていて個性に乏しいが、その単純な味が長所にもなっている。

7　モンゴル帝国のユーラシア制覇と阿剌吉酒

中国に伝えられた蒸留技術

中国の酒は、コーリャンなどを発酵させた「黄酒《おうしゅ》（ホワンチュウ）」とそれを蒸留させた「白酒《はくしゅ》」に大別される。中国で蒸留酒「白酒」がつくられるようになったのは、モンゴル人による元《げん》帝国の時代という説がある。

すぐれた騎馬軍団により中国を支配した元帝国（一二七一―一三六八）では、帝国の経済、外交がイスラーム商人などの「色目人《しきもくじん》」にまかされていた。いってみれば、モンゴル人とイスラーム商人が手を携えて中華世界を支配したのである。ヴェネツィア商人のマルコ・ポーロも、中国では色目人とみなされたようである。

ヨーロッパに伝えられた蒸留器は、ウイスキー、ブランデー、ジンなど現在につながるさまざまな名酒を生み出したが、中華世界でも「白酒」を生み出した。明代の学者、李時珍《りじちん》が『本草綱目《ほんぞうこうもく》』のなかで、「古法にあらざるなり、元の時よりその法を創始す」と、中国の蒸留酒が昔からあったのではなく、元の時にはじめてつくられるようになったことを記している。しかし宋代《そう》に蒸留酒の製造がすでになされており、それが一般化するのが元代であるという説もある。

元の皇帝ハーン（可汗）のために書かれた料理本『飲膳正要《いんぜんせいよう》』は、蒸留した焼酒を「阿《あ》刺吉《らき》酒」と記している。よい酒を蒸発させて水分を取り除いたのが「阿刺吉」であり、「南蛮」つまり東南アジアから伝えられた焼酒であるとするのである。

「阿刺吉」という語が「アランビク」と関係をもつことは容易に推測できる。ヨーロッパでは蒸留器を「アランビク」と呼んだが、アジアでは、伝播した蒸留酒も「アラキ」と呼んだようである。元代の書は「阿刺乞」「阿刺吉」「阿里気」「哈刺茎」などの記述がなされており、日本でも蒸留酒を「阿羅岐」「荒気」「阿刺木」と呼ぶ。日本にも蒸留器は、「アラキ」の名とともに伝えられたのである。

中国の蒸留酒白酒と「アイラク」

元帝国のフビライ・ハーン（位一二七一―一二九四）は、江南を支配する南宋を非常に強大な国としてイメージしていた。そのため、東と西から南宋を包囲する態勢を整えていく。それが、一二五八年の朝鮮半島の高麗《こうらい》（九一八―一三九二）の属国化、三万人から四万人の兵員を動員した日本に対する元寇《げんこう》（文永の役、一二七四）、一二五三年に始められた四川《しせん》（蜀《しょく》）、雲南（大理《だいり》）の征服だった。

中国への蒸留酒の伝播《でんぱ》を考える際に、モンゴル人による四川、雲南遠征はきわめて重要である。タイ族などの少数民族が多く居住する四川・雲南地方は、内陸アジアのシルクロードや、インドシナ半島を経由するルートで東南アジアとも結びつきが強く、しかも古来「酒香芬々《ふんぷん》と漂い人を迷わす」名酒の産地としても知られていた。また雲南は銀などの鉱産資源が豊かであり、多くのイスラーム教徒が移住した地域でもあった。この地の酒造技術がモンゴル帝国を仲立ちとして、中国の酒文化に大きな影響を与えたことはまちがいないであろうと考えられている。つまりインドのアラックが、アッサムを経由して雲南・貴《き》州《しゅう》に伝えられたというのである。

約九〇年という短い歳月で、モンゴル人の中国支配は終わった。都市の快適な生活のなかでモンゴル人は奢侈《しゃし》に流れ、権力争いの末に自滅していったのである。明帝国により中華世界が再建され、モンゴル人はモンゴル高原に戻った。

しかし、過去の栄光を示すように蒸留酒「アラキ」を引き継いだ「アイラク」という酒の呼び名はモンゴル高原に持ち帰られ、今も生きている。モンゴル人は、馬が乳を出す七月頃から一〇月頃まで馬の乳を革袋に入れて攪拌《かくはん》し、一年分の馬乳酒をつくる。この馬乳酒をトルコ語では「クミス」と呼ぶが、モンゴル語では「アイラク」である。中国を支配していた時の「強い酒」が、酒の一般的な呼称になったためなのか、あるいは強烈な酔いを与えてくれた蒸留酒の印象が頭から離れなかったためなのであろうか。

第四章　オーシャンと航海がひろげた飲酒文化

I 「大航海時代」を支えたワイン

飲料水の代わりに飲まれたワイン

一四九二年のコロンブスの大西洋横断航路の開発は、「未知の海域」と「新大陸」をユーラシアの歴史につけ加え、地球の表面積の七割を占めるオーシャン上にひろがった無数のネットワークによって世界各地が結ばれる「海の時代」の幕開けをもたらした。「新大陸」と「旧大陸」、ヨーロッパとアジアの間の世界規模の文明交流が進み、経済の世界化がオーシャンを中心に繰り広げられていった。それから五〇〇年が経過し、人類社会は今や「グローバリゼーション」という地球規模の社会変動の真っ只中にある。一五世紀以来、船乗りたちのエネルギーが地球をひとつに結びつけ、世界史を新たな段階に導いてきたのである。

あたり前のことかもしれないが、現場はいつの時代も大変である。ヨーロッパの新時代を拓《ひら》いた帆船での生活は、惨めなものだった。船底に溜《た》まった水や残飯の腐臭が船の空間全体を不快にしていた。当時の船内はきわめて不衛生な空間だったのである。飲み水の問題も深刻だった。雑菌が繁殖し、飲料水はすぐに腐敗した。しかし、陸から離れたオーシャンの航海であり、新鮮な飲料水の補給は困難だった。当時の船の居住性は非常に劣悪で、船尾楼に船長室があった以外船乗りたちの個室はなく、甲板や船倉でゴロ寝をしたり、船倉でハンモックを吊《っ》って寝るしかなかった。

単調な海での生活に耐えるには楽しみも必要になった。食材は固く乾いていたり塩漬けだったりと、きわめて味わいに乏しかった。そうした味わいの乏しさを緩和するために積み込まれたのが、大量のワインである。ワインは、「大航海時代」にオーシャンを航海する船乗りたちのエネルギー源という新たな地位を確立した。やがてオーシャンを航海する船には、腐敗を防ぐためにブランデーを加えた酒精強化ワインも積み込まれるようになる。そうしたワインの代表格が、ポルトガルのマディラ・ワインとスペインのシェリー酒である。

劣悪な船内生活

一六世紀中頃のスペイン船の食事の記録を見てみると、パンが日に約七〇〇グラム、豆が八〇グラムで、週に三度は塩漬け肉、週に二日は一五〇グラムのチーズと塩漬けのタラが支給され、時にオリーヴ、ナツメヤシなどが加えられたとある。乾いて腐りかけた食事にワインが必要不可欠だったのはもちろんだが、一日に約一リットル支給されるワインが、彼ら船乗りに活力を与える存在だったことは容易に想像できる。

一五四四年に布教目的で大西洋を横断したドミニコ会士は、無数のシラミ、悪臭、居住空間の狭さなどを指摘し、船の中は逃げ場のない牢屋《ろうや》のようであったと述べている。とくに乾パン、塩漬けの肉や魚が主な食材で、のどの渇きが想像を絶するものだったと渇きの辛《つら》さを強調している。大航海時代をリードしたポルトガル船、スペイン船ではワインが重要な役割を果たし、次いで海の世界をリードしたオランダ船、イギリス船ではビールが大きな役割を果たした。こうして「海の時代」の到来は、酒文化にも大きな転換をもたらしたのである。

2　航海の最前線が育てた酒精強化ワイン

コロンブスの夢を育んだマディラ島

「大航海時代」の先鞭《せんべん》をつけたのが、エンリケ航海王子のもとで組織的に行われたポルトガル人によるアフリカ西岸の探検だった。その拠点になったのが、モロッコの沖合六四〇キロに浮かぶ長さ四〇キロ、幅一六キロのマディラ島である。マディラ島は、一四一九年にポルトガル人ゴンサルベス・サルコにより発見され、全島が亜熱帯の濃い森林で覆われていたところから、ポルトガル語で「木、森（マディラ）」と名づけられた。アフリカ沿岸の探検を進めるカラベル船の木材供給地として、マディラ島は大いに役に立ったのである。

ゴンサルベス・サルコらは開拓のために森の一部を焼き払うつもりだったが、火は止まることなく燃え広がり、全島の森が焼き払われてしまった。山火事による灰を肥料にして、標高二〇〇〇メートル近い山の斜面でサトウキビ畑やブドウ畑が開かれ、砂糖とワインの生産が始められた。偶然とはいえ、島は七年もの間、燃え続けたというから大変な自然破壊だったわけである。マディラ島では一四二五年からワインの製造が開始され、その数十年後にはヨーロッパ有数の砂糖の産地になった。一四七八年にイギリスのクレマンス公爵が死刑を宣告され、処刑方法の決定をまかされた時に、マディラ産のワインを樽《たる》に満たしその中で溺《おぼ》れ死にたいと言ったという話は、有名である。

若き日のコロンブスが、西に大西洋を航海すれば黄金の島「ジパング」に行けるという夢を育《はぐく》んだのもマディラ島だった。コロンブスは島の長官だった貴族バルトロメウ・ペレストレロの娘と結婚し、マディラ島で黄金の島ジパングへの航海の構想を練ったとされている。ラテン語を独学で身につけたコロンブスはマルコ・ポーロの『東方見聞録』を読み、ジパング島の宮殿では床が指二本分の厚い黄金で敷かれているという記述に胸をときめかせたのである。マディラ島は、大航海時代のシンボルとなる島だった。

この島の特産品マディラ・ワインは、白ワインにブランデーを加えて酒精(アルコール分)を強化した甘みの強いワインである。シェリー酒やマラガ酒というような、腐敗を遅らせるための酒精強化ワインを真似たワインといえる。ブラジルでの奴隷を使った砂糖栽培が軌道に乗り、マディラ島の砂糖製造が下火になった一五七〇年代以降、マディラ・ワインはさかんにつくられるようになった。

暑熱の船倉で熟成されたワイン

大西洋に浮かぶマディラ島は、アジア・南北アメリカとヨーロッパを結ぶ交易の中継拠点だった。マディラ島のブドウでつくるワインは酸味が強いために甘みを増すことが必要であり、他方で長い航海中の腐敗を防ぐ必要に迫られた。そうしたことから、マディラ・ワインにはブランデーが加えられ発酵が止められたのである。

偶然は素晴しく、時には思いがけない贈り物をしてくれる。ある時、航海を終えて船に積み残されたマディラ・ワインを飲んでみると、絶妙な味がついていた。蒸し暑い船倉の中で波に揺られたために風味とコクが増し、香りの高い酒に変わっていたのである。高温と船の揺れが生み出した独特の味わいだった。

そこで一七〇〇年頃から、イギリス東インド会社は、ロンドンからマディラ島経由でインドのボンベイ（現在のムンバイ）を往復する帆船のバラスト（底荷）として、マディラ・ワインを大量に積み込むようになった。帆船の船倉をワインの熟成庫として利用するサイド・ビジネスである。マディラ・ワインをバラストにすれば、航海後に熟成したワインを高く売りに出せるというわけである。そうしたワインは、「ビニョ・デ・ロダ（「航海酒」の意味）」として名声を博した。ホーン岬や喜望峰を回航してインドとの間を往復し、熱帯の海で熟成させたワインというほどの意味である。現在でもマディラ・ワインは、シェリー酒、ポート・ワインと並ぶ三大酒精強化ワインのひとつに数えられている。マディラ・ワインの特色は、コハク色または赤褐色のワインの色が一〇〇年たっても変わらないことにあるとされる。

マディラ・ワインをビン詰めにする時には、その酒の樽を運んで航海してきた船のラベルがつけられた。海の香りと航海のイメージが付加価値を生んだのである。たとえば、ペリーが日本を訪れた時の船団のうちの一隻で、喜望峰を迂回《うかい》して日本に来航したサスケハナ号も、船底にワインを積んで航海し、マディラ・ワインの歴史に名を刻んでいる。

しかし、こうした方法では大量生産は不可能である。そこでマディラ・ワインの需要が増すと、熱帯の暑気と同じような高温の貯蔵庫がつくられ、合理的にワインが熟成されるようになった。しかし、長期にわたりオーシャンを航海したワインを飲むという「ロマン」は失われてしまったのである。

長期間の苛酷《かこく》な帆船の航海による熟成が加味されたマディラ・ワインは、海と波と空のイメージを伴って限りなくロマンティックだが、コロンブスに代表される「大航海時代」「ヨーロッパを富裕にした大西洋貿易」「アジアへの進出」など、ヨーロッパの変貌《へんぼう》を思い起こさせる酒でもある。

3　大西洋航路が育んだシェリー酒

南米への大量移住の拠点アンダルシア

スペイン南部のアンダルシア地方でつくられるシェリー酒も、オーシャンの航海と密接に結びつく歴史的な名酒である。セビーリャを中心とするアンダルシア地方は、コロンブスがアメリカ大陸にいたる航路を拓《ひら》いたあと、アメリカへの大量移民の中心になった。多くのアンダルシアの人々が、黄金郷（エル・ドラド）を求めて続々と移住したのである。現在アメリカ大陸で話されているスペイン語が標準的なスペイン語（カスティリャ語）ではなく、アンダルシア方言なのはそのためである。新大陸は、アンダルシアの人々の黄金への野望により征服されたといってもおそらくまちがいないであろう。シェリー酒は、そうしたアンダルシア地方で生み出された海の酒なのである。

アンダルシア地方は多くのイスラーム教徒が混住する地域で、ポルトガル南部のアルガルベ地方とともにイスラーム文化の影響が強い地域だった。地中海と大西洋、アフリカとヨーロッパが出あう十字路に位置していたのである。

アンダルシア南西部、大西洋に面するカディス港は、南北アメリカとの貿易拠点だった。ちなみにカディスは、フェニキア語で、「城壁に囲まれたところ」の意味である。

一四九二年にコロンブスが大西洋の横断に成功し、ハイチ（エスパニョーラ）島を「ジパング」として紹介すると、大量の黄金への期待がスペイン全土を覆った。一四九三年には、一二〇〇人もの大船団が組織され、コロンブス艦隊はカディス港からジパングを目指した。その光景はこうであった。

「一四九三年九月二五日、大貴族からの借款やユダヤ人の没収財産を財源として組織された旗艦マリアガランテ以下一七隻、約一五〇〇名（一説では一二〇〇名）の乗組員と、小麦・ブドウの苗から馬や家畜までを乗せた大船団が『ジパング』に向けてカディスを出港した。スペイン人の永続的な植民地になるに違いない『ジパング』島の開発に従事することが、艦隊の目的だった。成功が約束された航海であると確信されていたために、かくも大規模な艦隊が組織されたのである。勝ち馬に乗らない手はない。艦隊があまりにも大規模になってしまったために、パロス港では間に合わず、湾面の広いカディスが新たな出港地となったという」(『ジパング伝説』)。しかし、黄金はコロンブスの思い込みが生み出した幻に過ぎなかった。コロンブスはエスパニョーラ島経営失敗の責任を問われ、七年後の一五〇〇年一〇月はじめ、鎖につながれてスペインに送還された。

その後大量の銀がペルー、メキシコで産出されると、カディスは金、銀、財宝を運ぶスペイン船団の基地、ヨーロッパ有数の豊かな都市になった。そうしたなかで多くのジェノヴァ商人が、新大陸との交易の利を求めてアンダルシア地方に移住する。現在のカディスは、地方の小都市にすぎないが、暗く狭い道路にそった古い石造りの町並みは、古い石造りの港町の面影を今に伝えている。マゼランが世界一周の航海に出たとき、ジェノヴァ商人は大量のヘレス・ワインを買い入れ、マゼラン艦隊に納入した。その結果、ヘレスのワインがはじめて世界を一周したワインとしての栄誉を受けることになったのである。

私掠船が高めたシェリー酒の名声

カディスの奥に位置するヘレス・デ・ラ・フロンテラ(「辺境のシーザーの町」の意味)地方は昔からワインの特産地だったが、そのワインに蒸留したブランデーを加えて腐敗を防いだのがシェリー酒である。長期にわたる航海に耐えられるような長持ちするワインをつくろうとしたのである。しかしシェリー酒は、ブランデーを添加してアルコールの度数を高め、発酵を停止させたことにより個性豊かな酒になった。シェリー酒は、アンダルシア地方からアメリカ大陸に向かう航海が生み出した豊饒《ほうじょう》の酒なのである。ヘレスの古称がシェレス（Xerez）だったこともあって同地の酒はイギリスで「シェリス（sherris）」と呼ばれ、語尾変化して「シェリー（sherry）」になった。ヘレスは、ラテン語の「シーザー（カエサル）の町」の意味である。

一五八七年、私掠船《しりゃくせん》を率いるキャプテン・ドレークのもとにいたマーティン・フロビシャーがカディスを襲撃し、ヘレスを荒らして三〇〇〇樽《たる》のシェリー酒を略奪した。このシェリー酒がロンドンにもたらされると女王エリザベス一世の宮廷で大流行し、一七世紀中頃には名酒としての座を確立するようになった。イギリス人はどうも、名酒を嗅《か》ぎ分ける才能があるらしい。シェリー酒もポルトガルのポート・ワイン（ポルトという港から積み出されるので、このように呼ばれる）と同じように、イギリス人が価値を見いだした酒である。

ワインをほとんど産出しないイギリスは、他地域のワインを集め、それに依存しなければならなかった。彼らが常飲していた「エール」というビールは多くの雑菌を含んでいたため腐敗しやすく、船積みには適さなかったのである。でもなにが幸いするかわからない。イギリス人は多くの地域から集めたワインを飲み続けているうちに、ワインを識別する微妙な「舌」と「鼻」を獲得してしまったのである。シェークスピアの戯曲『ヘンリー四世』にも、彼が人生と引き換えにしてもよいと述べたシェリー酒が登場する。

イギリスが「世界の工場」として未曾有《みぞう》の繁栄を迎えた一九世紀になると、スペインからのシェリー酒の輸出が激増した。シェリー酒の生産は一八一〇年の一万樽が、一八七三年には六万八〇〇〇樽に増加するが、その九割がイギリスに向けて輸出された。イギリス人は、食欲をそそるための食前酒として、シェリー酒を愛飲したのである。白カビの皮膜が表面に浮くシェリー酒がつくられるにいたった過程は明らかではないが、長期の航海とかかわりがあったのではないかと推測される。普通ではとても飲めないような白カビが浮いたワインも、航海中なら飲まざるをえなかったのであろう。

白いカビが醸し出す風味

ところでシェリー酒は、ブランデーを添加してアルコールの度数を一五度から二二度位に上げ、ワインが空気に触れる状態で熟成させる独特のワインである。糖分を高めるためにブドウを一、二日天日干ししてから発酵させ、酸味と抗菌力を増すために途中で石膏《せっこう》が加えられた。アルコール発酵後、ワインの表面にできる「フロール（花、fleur）」と呼ぶ、醤油《しょうゆ》のカビのようなカビの花（皮膜）を利用して風味を出し、やがてブランデーを加えて発酵が停止される。腐敗の前段階の白カビの花（フロール菌）を腐敗寸前のところでとめて風味を出すのだから、大変に手間がかかるし熟練を要するワインづくりだった。頃合いを見計らうのが難しかったのである。

樽を四、五段に重ね、上の樽にアルコール濃度一五度程度の一次発酵のワインを三分の二か四分の三程度入れておくと、空気と接するワインの表面にシェリー酵母の皮膜「フロール」ができて再発酵を始める。その皮膜をくずさないように三分の一程度を下の樽に移し、最上段の樽に新しいワインを補給する。こうした製法は、ソレラ方式と呼ばれる。品質を保持するために一八九一年に定められた協定では、シェリー酒は一週間程度の二次発酵が終わったあと、健全な菌だけが育つようにブランデーを加えてアルコール濃度を一五から二〇パーセントに上げ、濃縮ブドウ汁を加えて甘みを調節し、半年から一年の間、樽で熟成するとされている。その結果、風味ある「古酒」の香りと重い味が醸し出されたのである。

シェリー酒は樽のまま寝かせるが、古い酒と新しい酒をブレンドしながら保存し、新しいワインにも古酒の風味が受け継がれるような工夫がなされている。熟成期間は最低でも三年、長いものは三〇年以上におよぶ。寿命の長い酒なのである。

4　アステカ文明の偉大な遺産テキーラ

征服者コルテスが魅せられた酒

大西洋を渡りカリブ海域に進出したスペイン人は、やがてアメリカ大陸で異質な酒文化と出あうことになった。

一五一八年、五〇〇人余の兵士と一〇〇人余の水夫、一四門の大砲、一六頭の馬を引き連れてキューバを発《た》ったコルテスは、一五一九年から二一年にかけて人口二〇〇〇万人を超すメキシコ高原のアステカ帝国を征服した。当時のアステカ帝国の人口は約二五〇〇万人とされ、フランスをはるかに凌《しの》いでいた。パリを超える人口を誇った首都テノチティトランはテスココ湖の人工の浮き島の上に築かれており、毎日、二万人から二万五〇〇〇人、五日ごとに四万人から六万人もの人々が集まり、市場は大変な賑《にぎ》わいをみせたと征服者コルテスは記している。

九か月間の攻防の末に大都市テノチティトランを陥落させ、巨万の富を奪い取った三六歳のコルテスは、まさに有頂天だったであろう。覇者となったコルテスの陶酔感を高めたのが、「イスタク・オクトリ（白い酒）」というスペインにはみられないアステカの酒だった。この酒はリュウゼツランの一種マゲイの樹液からつくった酒であり、神に捧《ささ》げる神聖な酒とされていた。祭りの日以外は、五〇歳以上の老人や神官や戦士にだけ飲むことが許された。もしも隠れて飲酒したことがバレると、最初は鞭打《むちう》ち、二度目は村からの追放が科され、何回も重ねると死刑にされたという。

発酵するリュウゼツラン

メキシコの醸造酒は「プルケ（pulque）」と呼ばれ、その製法は独特である。メキシコの中央高原に分布する多肉性のリュウゼツラン「アガペ・アトロビレンス」は、根元の幅三〇センチ、高さ二メートルに達し、先端部が剣のように鋭く尖《とが》っており、数十年に一度、一〇メートルほどの穂を伸ばし、先に花を咲かせた。その時期に穂を引き抜くと、引き抜いた後の窪《くぼ》みが甘酸っぱい液で満たされる。その液を集めて自然発酵させたのが、アルコール度数五－六度のヌルヌルする酒「プルケ」だった。「プルケ」は変質しやすく、一週間ぐらいで飲み頃は去った。ヤシ酒のように腐敗しやすい飲みものだったのである。

「プルケ」の起源につては、つぎのような話がある。ある人がリュウゼツランをかじっている二十日ネズミに気がつき、巣穴を調べてみると黄色く、うまい液体があった。ほかの二十日ネズミの巣穴でも同様だった。そこで、リュウゼツランの窪みに溜《た》まった液体を集めて様子をみていると、それが発酵してうまい酒に変わったというのである。

一六世紀に新大陸をひろく旅した神父アコスタは、リュウゼツランについて「竜舌蘭《りゅうぜつらん》は驚異の木で、この木からは、水、酒、油、酢、蜜、シロップ、糸、針、そのほか数々のものが取れるために、新来者や新渡航者たちは、奇跡と記すのがならわしである」と記している。

蒸留器が誕生させたテキーラ

プルケの製法を引き継ぎ、スペイン人が運び込んだ蒸留器で蒸留した度数四五度の酒がテキーラ(tequila)である。テキーラは、メキシコとヨーロッパの二つの酒文化が融合した酒なのである。

テキーラの起源については、一八世紀中頃にメキシコの西北部、ハリスコ州のテキーラ村に近いアマチタリアで大規模な山火事があり、多くのリュウゼツランが黒焦げになったとき、周辺の村人が山に登ってみると、あたり一面になんともいえない芳香が漂っており、黒焦げのリュウゼツラン「マゲイ」を押し潰《つぶ》してみると、褐色の甘い香りの汁が滲《し》み出してきたことに着想を得て、テキーラ村でつくられはじめたという話がある。テキーラは、マゲイの株を蒸気釜《がま》に入れて加熱し、取り出された汁液を発酵させたあとで、蒸留してつくられる。テキーラ村は、メキシコ・シティから約七〇キロ離れた高原にある。

世界に広まる豪快な飲み方

テキーラをつくるには、まず原料の「アガペ・アスール・テキラーナ」という名のリュウゼツランの約三〇―四〇キロもある土中に埋まっている巨大な球茎部分を取り出し、半分に割って蒸気釜で煮たあとにローラーで粉砕し、さらに汁液を搾り出す。次いでこの液をタンクに入れて発酵させ、単式蒸留器で二回蒸留してアルコール濃度五〇―五五度の蒸留液のみを濾過《ろか》し、加水したあと樫《かし》（オーク）樽《だる》に二―五年間貯蔵し、熟成してビン詰にしてつくった。最初は無色のテキーラだが、二年間オーク製の樽で熟成させると見事な琥《こ》珀《はく》色に変わる。

テキーラの飲み方は、なんとも豪快である。レモンまたはライムを輪切りにして親指、人差し指の間に挟み、二本の指の付け根に塩をのせる。レモンなどの酸味を口腔《こうこう》にひろげ、塩をなめたあとで一気にテキーラをあおるのである。塩には、「マゲイ」と呼ばれるリュウゼツランの一種につく赤いイモ虫（チニクィル）を焼いて粉末にしたものを加えるとよいとされる。テキーラはその粋《いき》な飲み方とともに、一九六八年のメキシコ・オリンピックで一躍有名になった。しかしテキーラは食前酒として一、二杯飲むのが一般的であり、大量に飲むものではないとされている。

テキーラが最初に世界に知れわたるきっかけになったのが、「マルガリータ」という魅力的な名前をもつカクテルの爆発的な流行だった。ライムの果汁とコアントロー(オレンジのリキュール)を混ぜて氷と一緒にミキサーにかけ、縁を水で濡《ぬ》らして塩をつけたグラスで飲むこのカクテルは一九四九年にロスアンゼルスのバーテンダーが発表したものだが、マルガリータは狩猟中の事故で死亡した初恋の人の名前であるという。強いカクテルにもかかわらず、ロマンティックなイメージをもっているのである。

5 新大陸のジャガイモを原料とした北欧の酒

滋養強壮酒だったアクアビット

大航海時代は、「コロンブスの交換」という言葉に示されるように地球規模で多くのモノが交流した時代だった。新大陸のトウモロコシ、ジャガイモ、サツマイモ、トマト、カカオ、トウガラシ、カボチャ、キャッサバ、マニオク、タバコ、ヒマワリなどが、旧大陸の各地で「食卓革命」を起こしていく。食卓革命の波は北欧にもおよび、深刻な飢饉《ききん》に悩まされるのが常だった北欧社会もジャガイモによって救済されることになった。オーシャンの彼方《かなた》からもたらされたジャガイモは、北欧を代表する酒をも育てていくことになる。

それが、スウェーデン、デンマーク、ノルウェーなどの北欧諸国でジャガイモを原料としてつくられる蒸留酒「アクアビット(aquavit)」である。アクアビットは、アメリカ大陸から伝えられた安価なジャガイモの普及により大衆化されたのである。

「アクアビット」は、ラテン語の「アクア・ヴィタエ(aqua vitae)」つまり「生命の水」に由来するとされるが、蒸留酒のことを「アカ・デ・ヴァイテ(ブドウからの水)」と呼んだことに由来するという説もある。ちなみにドイツでは、「シュナップス」と呼ばれている。

北欧のアクアビットは、ウオッカのように無色透明でアルコール度数は四〇度から四五度だが、スカンジナビア半島に自生しているキャラウェイ(ヒメウイキョウ)という植物の種やハーブで香味をつけるところに特色がある。

アクアビットは、一五世紀末にはすでにストックホルムで製造されていたようであるが、それはドイツから輸入された高価なワインを蒸留してつくる高級薬用酒だった。当時のアクアビットはきわめて高価な酒で、庶民大衆にはなかなか口にすることができなかったようである。

ジャガイモによる大衆化

やがてアクアビットは大麦などを原料とするようになるが、寒冷な気候のために大麦の供給が不安定であり、不作の年には政府が酒づくりを禁止した。酒飲みにとっては、気が気ではなかったのである。一八世紀になって、安い原料のジャガイモが安定して確保されることで、難題が解決されることになった。ロシアのウオッカもそうだが、寒冷で農業が不安定な土地では原料を微妙に変質させて飲み心地を楽しむよりも、アルコール分そのものの確保のほうが問題だったようである。

アクアビットはハーブで独特の香りをつけるという点ではオランダのジンと同じであり、オランダの酒文化の影響を強く受けている。ただジンがネズの実を用いるのとは違い、セリ科の香辛料キャラウェイを使うところが違っている。北欧では、冷蔵庫で冷たく冷やしたアクアビットを前菜とともに飲んだり、アクアビットで胃を暖めながらビールを飲むという習慣がある。

ヴァイキングのアクアビット

荒涼とした大地に住んでいたノルウェー人は、ヴァイキングとなって広い海域で交易、略奪を行い、各地に移住した。その足跡はイギリス、フランス、イベリア半島、イタリア半島南部にまでおよんでいる。そんな海の男たちの豪快な航海をしのばせるアクアビットが、ノルウェーのトロンディエム社の「リニエ（Linie）」である。

「リニエ」は「線」という意味だが、この場合は「赤道」を指す。つまり、赤道まで帆船で運んで熟成させたアクアビットというほどの意味である。

このアクアビットには、一七世紀後半以降、世界の海を支配したイギリス人が一枚かんでいる。太平洋に進出したイギリス帆船が、重心を下げるためのバラスとしてアクアビットの樽を大量に積み込み、オーストラリアとの間を往復したのである。行きと帰りの都合二回赤道をまたぐ間にアクアビットは熟成されて琥珀色に変わり、風味も一段と増したという。そこで長い時間をかけてゆっくりと熟成し樽の色と匂いが浸《し》み込んだアクアビットに、「赤道」アクアビットという名がつけられたのである。ヴァイキングとイギリス人の合作ということになるのかもしれない。

6　ビールの欠乏が誕生させたプリマス植民地

ビール切れで先に進めなかったメイフラワー号

オランダ、イギリスなどのビール圏の船乗りは、殺菌力の強いホップを入れた樽詰めビールを飲料水の代用として積み込み、航海に臨んだ。ワインが高価だったからである。船に大量に積み込んだビールが底をついてしまったことにより、のちのアメリカ合衆国の土台がつくられたという話がある。メイフラワー号によるピルグリム・ファーザーズ（巡礼始祖）の六六日間、四四〇〇キロを超える航海である。

イギリス王ジェームズ一世（位一六〇三―二五）は、自分はイングランド人の父親であると称して独裁制をしき、ピューリタンを厳しく弾圧した。王の弾圧に耐えられなくなり、一六二〇年に一〇二人のピューリタン（乗員が一〇二人でピューリタンは四〇人足らずともいわれる）が、全長二七・五メートル、一八〇トンの小さな帆船メイフラワー号に乗り込み、はるか大西洋を越える移住の旅にでた。ピルグリム・ファーザーズである。彼らは、自由の新天地の開拓を目指したのである。

メイフラワー号は二か月の苦難の航海の末に、大西洋を横断してアメリカ沿岸にたどり着いたが、そこで飲用するビールが底をついてしまった。本来ならば南下を続けて暖かい南の地に植民する予定だったのだが、飲用水代わりのビールが確保されなければ航海を続行することは不可能である。そこでやむなく船は、一六二〇年一一月一一日にマサチューセッツ湾に錨《いかり》を降ろした。上陸した人々は、現在のボストンの東南のニュー・プリマスに植民地を建設するが、その地がやがてイギリスの一三植民地の心臓部として成長をとげることになる。

彼らが上陸に先立って行ったとされるメイフラワー誓約は、正義と法に基づく新社会の建設を誓い合うもので、のちのアメリカ合衆国の建国の理念となった。ちなみにメイフラワー号というのはありふれた船名で、当時は二〇隻以上の同名の船があったとされる。またニュー・プリマスは、彼らが出港したイギリスの港プリマスに由来している。ビールが底をついてしまったという偶然が、のちのアメリカ合衆国の基本型をつくり上げたというから面白い。しかし、厳寒の荒野で冬を越すのは大変なことで、半数以上が冬を越せずに命を落とし、生き残ったのは五〇人にすぎなかったという。初期のアメリカ植民は、大変な難事業だったのである。

植民地が育てたアップル・ジャック

アメリカに移住したイギリス人は、ビール、ワインを本国からの輸入に頼った。ヨーロッパから植民地に向けて大量のビール、ワインが輸出され続けたのである。たとえば、プリマス植民地が建設された一〇年後に、同地に向けてイギリスを出港したアーベラ号には、約三万八〇〇〇リットルのワイン、同量のビール、モルトの大樽《おおだる》一二〇個が積み込まれたといわれる。

もちろん植民地でも、それぞれの家庭で大量の自家製ビールが醸造されていた。しかし、寒冷なニュー・イングランド植民地での大麦・ホップの栽培はなかなかうまくいかなかった。やがてアメリカ植民地は本国の飲酒文化から徐々に離脱し、固有の飲酒文化をもつようになる。ちなみに本国から移植されたリンゴは、ニュー・イングランドの気候に合っていた。その堅く熟したリンゴからつくられた蒸留酒アップル・ジャックが、植民地を代表する酒となるのである。

また西インド諸島の糖蜜《とうみつ》を利用するラム酒の製造もさかんになった。マサチューセッツなどを中心につくられたラム酒は、植民地で飲まれただけではなく、ワインよりも安く腐らない飲みものとして船乗りたちの絶大な支持を得た。一八世紀半ばには、アメリカ植民地にはすでに一五九か所ものラム酒の蒸留工場が設けられていたという。

娯楽の少ない植民地では、アルコール飲料が民衆の活力源だった。町の居酒屋が憩いの場、社交の場になったのである。独立戦争前のニューヨークには、住民約四五人に一軒の割合で居酒屋があったとされる。しかし酒好きという点では先住民も負けてはいなかった。たとえばニューヨークのマンハッタン島は、一六二六年にオランダ人がラム酒三樽で先住民から買い取ったとされている。

7 砂糖革命と安酒ラム

大量の砂糖の搾りカスを活用する

スティーブンソンの小説『宝島』の冒頭で、海賊が歌う歌のなかにラム酒は登場する。糖蜜からつくられるラム酒は、いってみれば砂糖キビの廃物利用であり、新大陸で生産される安酒だった。ラム酒は、スペインの銀船を狙う世界第二の内海カリブ海に跳梁《ちょうりょう》する海賊たちの酒であり、大西洋を行き来する船乗りの酒になったのである。世界の砂糖壺《つぼ》になったカリブ海の島々の繁栄をしのばせる酒だということもできる。

ラムは、イギリスのデボンジャー地方の方言の「興奮・喧噪《けんそう》」を意味する「ラムバリオン(rumballion)」に由来する。この言葉は今は廃語になっているが、その語頭をとって「ラム」という酒名が生まれたとされている。音楽の「ルンバ」も、同じ語源であるという。文献に「ラム」が登場するのは、一六六一年のことである。糖蜜を「モラセズ」と呼ぶ関係で、ラム酒を「モラセズ・スピリット」と呼ぶこともある。

ラム酒は、糖分濃度が五〇パーセントから五五パーセントの砂糖の搾りカス（糖蜜）を一二から二〇パーセントに薄めた原料に酵母を加えて醸造するもので、誰でもが簡単につくれる。安酒だったのである。発酵後に二度にわたって蒸留し、樽詰めにして熟成した。

奴隷貿易と海賊のイメージ

ラム酒が、どのようにしてつくられるようになったのかについては不確かである。一説では一六五一年にカリブ海に浮かぶ小アンティル諸島の東端のバルバドス島にイギリス人が蒸留器を持ち込んでつくったとされるが、一六世紀初頭にプエルトリコを探検したスペイン人ポンセ・デ・レオンの一行がラム酒をつくったという説もある。

いずれにしても、一八世紀の西インド諸島でヨーロッパに砂糖を大量に供給する「砂糖革命」が起こると、砂糖を精製したあとの糖蜜を使って、英領ジャマイカ島を中心にラム酒がつくられるようになった。ジャマイカの名は、ラム酒とともに世界中に知れわたることになる。カリブ海域の砂糖プランテーション（大農場）は、新しい土地に砂糖キビ畑を開拓し、大量の奴隷、食料、日用品、精製工場の施設などを買い集め、大量にヨーロッパ市場向けの商品（砂糖）を生産するプランテーションというシステムを生み出すことで、ヨーロッパの資本主義経済の「原型」となった。大衆化した砂糖の大量生産が資本主義経済を生み出したという説もあるが、ラム酒はそうした砂糖生産と密接に結びついて流通したのである。

アフリカ西岸から砂糖農場で働かせる黒人奴隷を西インド諸島に運んだ奴隷船は、空になった船倉に糖蜜を積んでアメリカのニュー・イングランド植民地に運び、そこでラム酒を積み込んでアフリカに運び、黒人奴隷の代金とした。奴隷船は、そうした三角貿易を繰り返したのである。奴隷貿易と結びついたラム酒のイメージはきわめて暗い。

グロッキーのいわれ

イギリス海軍は、従来は水兵にビールを支給していたが、やがて「砂糖革命」の副産物の安酒ラムに目をつけた。ラム酒には壊血病の予防効果があるとされたことも、理由のひとつに数えられる。そこで、昼食の前に一日二八四ミリリットル（二分の一パイント）のラム酒を水兵に支給した（一九七〇年まで続く）。イギリス経済の重要な柱になったのが砂糖だったことから、交易ルートを守る海軍の水兵にラム酒が与えられたのは、当然のおこぼれともみなせる。

しかしなにごとも腹八分目が大切で、度が過ぎるのはよくない。一七四〇年にわずか六隻の軍艦でポルト・ベロを占領したことで知られる名提督バーノンは、水兵の健康を気遣って「ラムを四倍の水割りにし、二回に分けて支給するように」との命令を出した。現在の日本でさかんに飲まれる「水割り」にせよと命じたのである。ところが、強い酒を飲み慣れていた水兵たちの間では非難ゴウゴウだった。「水みたいな酒が飲めるか」「何で、アイツが人生最大の楽しみを奪うのか?」ということになる。

憤慨した水兵たちは、バーノンがグログラム地（絹とアンゴラ羊毛との混紡）の粗末な外套《がいとう》を着ていたのを揶揄《やゆ》して「オールド・グロッグ（老いぼれのヨレヨレ）」というアダ名をつけ鬱憤《うっぷん》を晴らした。しかし、慣れとは怖いもので、バーノンが提案した「水割り」の飲み方が「グロッグ」として定着していく。

ボクシングなどでは、「グロッキー」という言葉がさかんに用いられるが、ラム酒を飲み過ぎた状態を指す言葉「グロッギー（groggy）」が転訛したとされる。安い酒を売る店を「グロッグ・ショップ」というのも同じ語源からきている。

大英帝国海軍を支えたラム酒

ラム酒は、大西洋交易で通貨の代わりを果たした。そうしたなかで一八世紀中頃になると、イギリスは自領の植民地以外からのラム酒の原料糖蜜に多くの税をかけ、自領の砂糖の廃物（糖蜜）を有効に利用しようとする。しかしアメリカ植民地では、安く質のよいフランス植民地産の糖蜜の密輸がさかんに行われていた。業を煮やしたイギリス政府は、一七六四年にアメリカ植民地で糖蜜条例を制定し、糖蜜の密輸を厳しく取り締まる。この条例が制定されたあたりから、イギリス本国とアメリカ植民地の対立が激しくなっていったのである。

アメリカ合衆国の成立後、人道的見地から奴隷貿易に対する批判が強まった。そこでイギリスは、一八〇七年に糖蜜輸入禁止令、翌年に奴隷取引廃止令を出した。ラム酒を仲立ちとする大西洋の奴隷貿易のシステムがくずれ、アメリカにおけるラム酒製造の時代も終わりを告げるのである。

一八〇五年一〇月二一日のトラファルガー沖海戦でフランス・スペイン連合軍を破った海軍提督ネルソンが率いるイギリス海軍の奇跡的な勝利は、ナポレオンの野望からイギリスを守る重要な戦闘だった。ネルソンはZ旗を掲げて不退転の決意で戦い、イギリス海軍の戦艦二七隻、大砲二一三八門に対して圧倒的な戦力を誇るフランス・スペイン軍の三三隻、二六四〇門の艦隊の二〇余隻を沈めて圧勝したのである。

しかし、敵艦からの狙撃《そげき》を受けてネルソンは、「神に感謝する。われはわが義務を果たせり」という言葉を残し、艦上で劇的な戦死をとげた。ネルソンの遺体は腐乱を防ぐためにラム酒の樽《たる》につけられて帰国し、セント・ポール大聖堂に葬られる。当時のイギリス人は、ネルソンとともに帰還したラム酒を争って飲んだといわれる。イギリス海軍が用いるダーク・ラムを「ネルソンズ・ブラッド（ネルソンの血）」と呼ぶのはそのためである。

一九世紀半ばになると、連続式蒸留器を利用して、安価なライト・ラムがつくられるようになった。ラム酒は一般的にはコーラで割って飲まれ、中南米ではキューバの独立戦争にちなんでキューバ・リバー（スペイン語でクバ・リブレ）と呼ばれて非常にポピュラーだが、発酵過程で酵母のほかに酢酸菌、酪酸菌なども発酵することから独特の香りをもっており、ケーキづくりに用いられるほか、カクテルのベースとしても使われている。

8　捕鯨の中継基地ハワイの「鉄の尻」

大捕鯨時代のハワイ

太平洋は、地球上の陸地をすべて飲み込んでしまう世界最大の大洋（オーシャン）である。その大きさもあって、長い間開発が進まず、太平洋の豊かな自然は維持されてきた。しかし一八世紀後半になると、太平洋の開発が急速に進むことになる。イギリス人の船乗りジェームズ・クックの三回の航海で、オーストラリア、ニュージーランドをはじめとする太平洋の輪郭が明らかになったのである。

産業革命で「生産の場」となった都市が爆発的成長をとげるなかで、都市の街灯で用いられる灯油、ランプ、ローソクの原料の鯨油を獲得する捕鯨業が一大産業に成長した。一八五〇年以降に石油が利用される以前の話である。当時の捕鯨の中心はアメリカで、マッコウクジラ、セミクジラなどのクジラの生息地の太平洋が主な漁場になっていた。アヘン戦争が終わった一八四二年頃には、八〇〇隻以上の捕鯨船がオーシャンに乗り出し、年間約一万頭ものマッコウクジラが捕獲されたという記録がある。クジラの受難の時代だったのである。

エイハブ船長と巨大な白鯨との死闘を描いた小説『白鯨』の著者メルヴィルは、みずからも捕鯨船に乗り組んだ経験をもっていた。メルヴィルは、決まった安全な航路を航海する商船ではなく、子育てと捕食のためにオーシャンを定期的に移動するクジラを追って未知の海域を航海する勇敢な捕鯨船こそが、真の意味でオーシャンを切り拓《ひら》いたのだと記している。

当時は太平洋の中間に位置するハワイのホノルルが、捕鯨船の中継基地として賑《にぎ》わっていた。一九世紀には、ホノルルに年間六〇〇隻以上の船が寄港したという記録があるほどである。現在は世界中の観光客を集める大リゾートのホノルルだが、その繁栄の基盤はクジラによって築かれたのである。ハワイには、往時の捕鯨業をしのばせる、鯨油精製用の鉄鍋を使ってつくられる酒がある。

当時の捕鯨船は一度航海に出ると船倉が鯨油で一杯になるまで母港に戻らず、ほぼ四年におよぶ大航海を行った。ハワイ諸島のホノルルは、捕鯨船の食料、水などの補給基地として大きな役割を果たしていたのである。しかし、クジラの宝庫、日本近海を周遊するクジラを追いかけるには、日本列島に食料、飲料水の補給地が必要になる。アメリカの捕鯨業者が小笠原を拠点として確保し、さらにペリー提督を派遣して開国を求めたのは、そのためである。当時のアメリカの主産業は捕鯨で、捕鯨船団が日本近海で水、食料などを安定して手に入れることが必要だったのである。

鯨油鍋を使った「鉄の尻」

一九世紀後半になると、砂糖、パイナップル栽培に従事するアメリカ移民も増加の一途をたどった。一八三五年、カウアイ島で製糖会社がつくられると労働者不足が深刻になって、一八六八年には横浜在住のアメリカ商人の仲介で日本人のハワイ移住も開始される。それに先んじて、一七九〇年頃に太平洋の航海の途中にハワイに立ち寄ったイギリスの蒸留業者ウィリアム・スティーブンソンは、ハワイで豊富に産出されていたタロイモ（現地では「ティ」と呼ばれる）に目をつけた。タロイモを原料にして蒸留酒ができないかと考えたのである。ところが、当然のことながらハワイには蒸留器がない。そこで目をつけたのが捕鯨船で油を煮詰めるのに使っていた鉄鍋だった。スティーブンソンは鉄鍋を使って簡単な蒸留装置をつくり、酒をつくったのである。ところが試しに飲んでみると、なかなかいける。そこで、商品化されることになり、ちょっと奇抜な名前がつけられた。醸造、蒸留に使った鯨油用の鉄鍋が豊満な女性の尻《しり》に似ていたことから、この酒を「オケレハウ（ポリネシア語で「鉄の尻」の意味）」と名づけたのである。この名前はちょっと品がないので、「オケ（oke）」と略称される場合も多い。

・一八九三年、ハワイに移住したアメリカ人が反乱を起こしてカメハメハ王朝を倒し、アメリカに併合を願い出た。一八四五年にアメリカに併合されたメキシコ領テキサスと同じ手法である。そして、米西戦争の最中の一八九八年に共和党の大統領マッキンレーは、ハワイを併合する。ハワイが誇る偉大な「鉄の尻」は、アメリカの酒に変わったのである。ハワイの人たちはこの強い酒をストレートで飲むが、「鉄の尻」になじみがない気の弱い観光客は恐れをなし、コーラやジュースで割ってしまう。

第五章　近代社会が育てた酒たち

I　イギリス・オランダが進めた酒の商品化

商品は腐敗を嫌う

一七世紀のオランダは、毛織物産業と造船業を背景とする商業国家として姿を現した。一五八〇年代から一六六〇年代にかけて、オランダの毛織物生産額は五・五倍に急成長する。また、北海漁場を制する大規模な漁業とともに発展した造船業は、風力製材機、重い材木を動かすための大クレーンの使用などにより機械化、標準化され、ヨーロッパでもずば抜けた生産能力をもった。造船業は、航海用具の製造、ロープの製造、海図の出版などの幅広い関連産業の発達を促した。また、染色業、製糖業、製材業、醸造業、皮革生産などでも、オランダはヨーロッパをリードする。一六二二年の段階でオランダ国民の六〇パーセントは都市に居住しており、その四分の三が人口一万人以上の都市で生活していたのである。それまでどこにも存在しなかった商業国家が、誕生したのである。

「オランダ人は蜜蜂のようにすべての国から汁を吸い上げる。ノルウェーは彼らの森林であり、ライン河、ガロンヌ河、ドルドーニュ河の河畔は彼らのぶどう園、ドイツ、スペイン、アイルランドは彼らの羊の牧場、ペルシア、ポーランドは彼らの穀倉、インド、アラビアは彼らの庭園である」という言葉は、スペインに代わってヨーロッパの大交易網を支配したオランダの繁栄をよく物語っている。

ヨーロッパ最大の商業都市に成り上がったのが、首都のアムステルダムだった。一六〇九年になると、ヴェネツィアのリアルト銀行にならった振替銀行のアムステルダム為替《かわせ》銀行が設立されて為替手形制度を発展させ、アムステルダムはヨーロッパにおける金融取引の中心の地位を占めるようになった。一三年には株式取引所も設立されている。一七世紀中に、アムステルダム為替銀行の預金残高は、一六倍というように激増した。

一六三四年、オランダは三万四八五〇隻の船をもっていた。そのうち二万隻は、四通八達していたヨーロッパの内水航行に使われており、あとの一万四八五〇隻のうち六〇〇〇隻はバルト海の貿易に、二五〇〇隻は北海に、一〇〇〇隻はライン川とマース川の航行に使われていた。イギリス、フランスなどとの貿易には一五〇〇隻、スペイン、アフリカ北岸、地中海には八〇〇隻、アフリカ、ブラジル、東西インドには三〇〇隻、ロシア、グリーンランドには二五〇隻、残りの二五〇〇隻は種々の方面に使われていたとされる。このようにオランダはヨーロッパ一の大海運国だったのだが、ヨーロッパ内部を行き来した重要な商品が酒類であった。

ビールやワインを大量に運ぶオランダ人を悩ませた最大の問題が「腐敗」だった。オランダ人は、腐敗しにくいラガービールの普及を図り、ワインを熱してブランデーとすることで腐敗を抑え、効率のよい輸送を目指したのである。

世界を大変貌させた食卓革命

一八世紀になると、イギリス、フランスを中心にカリブ海のバルバドス、ジャマイカ、ハイチなどのカリブ海域でつくられる砂糖の量が爆発的に増えて砂糖の大衆化が進み(「砂糖革命」)、砂糖とアラビア半島のコーヒー、中国の紅茶とを結びつける地球規模の「新しい飲食文化」がヨーロッパにひろがった。いわゆる「食卓革命」である。ヨーロッパ人の食卓の上で、地球を結ぶ食品の大結合が起こったのである。

「食卓革命」の中心になったのは、なんといっても砂糖だった。砂糖キビは、伐採したあと短期間でみるみる糖度が落ちるため、収穫後短時間で破砕し、砂糖水を搾りとって蒸留、精製しなければならなかった。そのために、多くの働き手と砂糖を製造するための工業施設が必要になった。砂糖栽培の大規模化は、安い砂糖キビの搾りカス(糖蜜《とうみつ》)を使ったラム酒を大量に生産し、市場に送ることになる。

砂糖キビの農場(プランテーション)には水車、風車、家畜などを動力とする砂糖精製工場が一緒に建てられなければならず、多数の黒人奴隷、奴隷の食料となる穀物、製糖のための諸設備や家畜、日用品などのすべてが貨幣で購入された。ヨーロッパの巨大市場に砂糖を商品として売りに出すことで、それをはるかに超える莫大《ばくだい》な収入が得られたのである。

なにもない土地に、貨幣で奴隷、食料、家畜、諸設備、酒、日用品を買い集めて経営された砂糖プランテーションは、資本主義経済システムの先駆的なモデルになった。すべてが貨幣により循環する経済システムである。

一八世紀後半には、そうした環大西洋経済圏の成長を基盤にしてイギリスが主導する二段階目の変化が起こった。それがイギリス東インド会社により主導された「衣料革命」である。東インド会社が、インド洋を往来していたインド産の綿布を環大西洋経済圏にもち込んだことにより起こされた革命だった。亜熱帯産の綿布は、同じ気候帯に属する環大西洋世界で大歓迎され、有望な商品になったのである。爆発的に増える綿布の需要が、機械と蒸気機関の発明、産業革命を引き起こしていく。産業革命以後、都市が生産の拠点となって爆発的に規模を拡大し、鉄道がひろい地域を高速でつないだ。新社会システムがひろがり、都市化が進むことで酒の需要が激増し、大量生産が始まることになる。酒文化の大変動である。酒が商品として量産され、国を越えて大量に売りさばかれる時代に入ったことになる。

2 高級酒に成り上がったコニャック

ワインの濃縮輸送

腐敗を防ぎ、商品の酒を長距離輸送したいというオランダ商人の思惑は、ワイン輸送に新たな工夫を生み出した。熱を加え酵母とともにワインの細菌を殺すという方法である。

ワインを蒸留させたブランデーは日本では高級な酒というイメージが強いが、最初はワインの長期保存を目的とする安酒だったのである。どちらかというとブランデーは、焼酎《しょうちゅう》のイメージに近い。ワインを長距離、効率的に運ぼうとするオランダ商人の思惑が、ブランデーを商品化したのである。

現在は、酸味の強いブドウを原料とする白ワインを発酵、蒸留したのち、五年から一〇年あるいはそれ以上の間、樫《かし》（オーク）の樽《たる》で熟成させた飲みものを、「ブランデー」と呼んでいる。「ブランデー」の語源は、オランダ語の「ブランデ・ウェイン（brande-wijn)」で、「熱したワイン」という意味である。蒸留する時に火を加えるので、「熱する」という表現になる。

オランダ商人がブランデーを蘇《よみがえ》らせた理由は、中世のように「生命の水」をつくることではなく、あくまでも利益の追求だった。一七世紀のオランダは、ヨーロッパ諸河川の交易網を支配する水運国で、オランダ商人は各地のワイン売買にかかわっていたのである。

ボルドーの北一〇〇キロに位置するラ・ロシェル港からワインを購入してビール圏のオランダ、イギリス、北欧などに商品として売りさばいたオランダ人は、かさばるワイン樽の輸送を省力化することで利益を増大しようとした。ワインを蒸留、濃縮し、それをあとで水で薄めて売れば、腐敗も防止できるし一石二鳥だと考えたのである。ワインの蒸留に適した効率性の高い蒸留器も工夫されたが、試しに蒸留したワインを飲んでみるとまったく別の飲みものになっており、とてもうまかったのである。そこでそのままブランデーとして売りに出されることになる。

コニャックとアルマニャック

ブランデーの産地としてはフランスのコニャックが有名である。フランス南西部シャラント県のコニャック（Cognac）地方のワインが、ボルドーのより良質のワインに押されて売れなかった時に、この地方特産の岩塩を買い付けにきたオランダ商人が農民に「蒸留法」を教えたという話がある。

コニャック地方は石灰質の土壌で、もともと酸味の強いブドウしか育成できず、良質のワインはできない土地柄だった。しかしブランデーにしてみると、酸味の強いワインが見事な味に変わったのであった。シャラント川を下る商品に掛けられた高額の物品税を逃れるために、船荷を軽くするために蒸留が始められたという説もある。

ブランデーがイギリス、オランダなどで名声を博すようになると、特徴のある強い酸味が逆に大きな武器になった。なにがプラスになるかわからないものである。糖分が少ないコニャック地方のワインは二回以上蒸留してもカラメルができず、酸味が熟成の途中でバクテリアに分解されたことで、えもいわれぬ芳香を放った。蒸留することで、ブドウの個性が輝いたのである。コニャックはフランス中南部のリムーザン地方、トロンセ地方産の通気性のある樫でつくられた樽で二年以上熟成させることで、エステルという芳香成分の生成がなされ、樽材から色素、タンニンなどが溶出して褐色を帯びるように工夫された。コニャック地方の人びとは熟成中に蒸発してしまう酒を「天使の分け前」と呼んだが、目減りの見返りとして芳香と固有の色彩を獲得したのである。

ボルドーの南西に位置するガロンヌ川上流アルマニャック（Armagnac）地方でもコニャック地方と同様に、一七世紀にオランダ商人がブランデーづくりを主導した。オランダ人が上流のアルマニャック地方のワインを、ガロンヌ川を下って河口のボルドーからビール圏に輸出するようになると、ボルドー地方のワイン業者たちが法律をつくり、ガロンヌ川を利用する商人がボルドー・ワイン以外を輸出できないようにしてしまう。それに対抗し、オランダ商人は、アルマニャック地方のワインをブランデーに変えて運び出した。それならば、酒の種類が違うのだから文句はあるまい、というのである。

コニャック、アルマニャック両地方のブランデーを比較してみるとつくり方に違いがある。「アルマニャック」が一回のみの蒸留でアルコール度五五度から六〇度にし、それを樫樽に入れて熟成するのに対して、「コニャック」は二回の蒸留で六〇度から七〇度にしたものを熟成させる。しかし、ビンに詰めて市販する時のアルコール度数は、ともに四〇度から四三度に調整されている。

いずれにしても、フランスを二分した長期にわたるユグノー戦争（一五六二—九八）で国内が乱れ、消費の激減に悩んでいたワイン生産者にとってブランデーの製造は、販路の拡大につながる朗報だった。オランダ商人が、強い酒を好むイギリスや北欧にブランデーをどんどん販売してくれたからである。コニャックもアルマニャックも、ビール圏で商品として名声を博したのである。

宣伝がブランデーをブランド化した

ブランデーはコニャック地方では「ヴァン・ブリュレ（ワインを焼いたもの）」と呼ばれたが、オランダ商人はイメージを高めるために「ブランデ・ウェイン（熱したワイン）」という呼び名を用い、イギリス市場での販売につとめた。呼び名を変えることで、大衆酒を高級酒に変質させようとしたのである。ブランデーの味と香りの虜《とりこ》となったイギリス人は、その名を「ブランド・ワイン（brandwine）」に改め、さらにそれを短縮して「ブランデー（brandy）」と呼び、高級なアルコール飲料として認知した。つまり、「ブランデー」という高級酒のイメージはフランスではなく、オランダ人がイギリスで育《はぐ》んだのである。オランダに次いで世界の覇権を握った富裕国イギリスが「ブランデー」を認知し、日本人はそのイメージを引き継いでいるのである。

じつはルイ一四世が統治した一七世紀のフランスでは、日本の焼酎のような庶民の飲みものとしてブランデーが飲まれていた。パリなどの大都市ではブランデーが、「量り売り」されていたという。販売人が首から下げたカゴに酒ビンと計量コップを入れ、街を売り歩いたのである。

ルイ一四世が、わずか五歳で王位についた一六四三年といえば、三十年戦争（一六一八―四八）の真っ最中だが、この年に、現存するフランス最古のブランデー（コニャック）の蒸留所が、二八歳のフィリップ・オージェにより創設された。オージェ・フレール社は、最近までスリー・スターを「ロア・ソレイユ（太陽王）」と名づけ、ブランデー（コニャック）の育成につとめた「太陽王」ルイ一四世の肖像をラベルに使ってきた。現在は「オージェ・スリー・スター」と名を改めている。

一八世紀に入ると、フランス産ブランデーはイギリスの有産階級に愛飲されるようになり、一九世紀には有産階級の酒としての地位を不動のものにした。「焼酎」の大出世物語である。

3 冬の寒さが生み出した奇跡の発泡酒シャンパン

シャンパンの恩人ドン・ペリニョン

ブランデーとは異なり、最初から貴族の酒として登場したのがシャンパン（champagne）だった。太陽王といわれたルイ一四世が統治した一七世紀後半は、フランス絶対王政の全盛期だったが、この時期に四七年間も黙々と働き続けたベネディクト派修道院の修道士ドン・ペリニョンが、シャンパーニュ地方で発明した発泡ワインが名酒「シャンパーニュ（日本ではシャンパン）」である。一六八〇年頃オーヴィエール修道院の出納係兼酒庫係ドン・ペリニョンが、酒蔵で破裂したワインを見いだした。それをなめてみると、絶妙な味なのである。彼が感激のあまり「まるで天の星を飲んでいるようだ」と呟《つぶや》いたという話がある。のちに「シャンパン」と呼ばれるようになる発泡ワインの登場である。

シャンパーニュ地方ではワインを秋に仕込むために冬の間に発酵が停止し、条件にさえ恵まれれば春にワインは再度発酵を開始した。スペインからの旅の僧が水筒の栓に通気性のよいコルクを使っているのに興味を感じたドン・ペリニョンは、従来の油で湿らせた麻の栓をコルクに替えてみた。固いコルクが春になって新たに発生する炭酸ガスをしっかりと閉じ込め、ビンを破裂させることになったのである。偶然の、巡り合わせといえる。

ドン・ペリニョンは、その後もビンが威勢よく破裂する危険を冒して発泡ワインをつくり続け、生涯をまっとうした。無事にビンが割れずにすんだのは六割程度だったとされるので、ロスとケガの危険が常時つきまとう酒づくりだった。ドン・ペリニョンは、生涯をかけて風味が異なるブドウ（ピノノワール種とシャルドネ種）を組み合わせたシャンパンの質と味の向上につとめ、「ワインにはじめて泡を入れた魔術師」という賛辞を胸に抱いて世を去った。

シャンパンは、一次発酵を終えたワインに糖分と酵母を加えてビン詰めにし、再度アルコール発酵を行わせて炭酸ガスをビンの中に保存したまま熟成し、出荷時にオリと酵母をすばやく抜き取るために製造が難しかった。徐々に熟成中のビンを傾け、最後にはオリが口の部分にくるようにビンを下向きにし、口の部分だけを凍結させて、素早くオリを取り除いたのである。手間と熟練が求められた。それゆえに、シャンパンの評価は高いのである。

功を奏したシャンパンの売り込み

シャンパン業者は、この甘く珍しいワインを、ステータスを示す酒として巧みに売り込んだ。フランス革命前夜からウィーン会議にかけての動乱の時代に、シャンパンはうまい高価なワインとしての評価を宮廷内部で確立していく。フランス革命前夜、コンティ公との間の、ブルゴーニュ地方で名酒を出すロマネのブドウ畑をめぐる争いに敗れたポンパドゥール夫人は、「女性が飲んで美しさを失わないワインはシャンパンだけ」と述べ、悔しさを紛らわした。ちなみにコンティ公の名前を冠したワイン「ロマネ・コンティ(Romanée-Conti)」は現在でも年に三千数百本しか生産されず、「語る人多くして飲む者少なし」といわれるもっとも高価なワインになっている。

ルイ一六世の妃マリー・アントワネットも、ペピ・エドリック社が献上したシャンパンを愛飲した。シャンパンは、ハリウッドスターのマリリン・モンローが毎朝飲んだということで一時話題を集めたことがあった。スターの話題づくりである。

フランス革命が勃発《ぼっぱつ》すると、革命家たちも新興の有産階級も、シャンパンをステータスとみなし、ガブ飲みした。酒にイメージはつきものである。フランスには、「女にシャンパン」という言葉がある。女性を意のままにしようとするならば、シャンパンを飲ませよという意味である。シャンパンは、ゴージャスなイメージを身にまとったのである。革命が収束し、ナポレオンがヨーロッパの覇者の座を追われたあとで開催されたウィーン会議でもシャンパンは大活躍で、フランスの危機を救ったとも囁《ささや》かれた。

会議でフランス代表になった外相タレーランは、美食とシャンパン外交でウィーン会議を操り、フランスへの矛先をナポレオンと革命に逸《そ》らしてフランスの国益を守った。シャンパンにより「会議は踊った」のである。ウィーン会議以降、シャンパンは宴会に欠かせない酒としての地位を不動のものとする。一九世紀になると、ビン詰めにされたシャンパンが、大量にイギリスに輸出されるようになった。

4 オランダが生み落としイギリスが成長させたジン

オランダの海外進出を支えた酒

産業革命の喧噪《けんそう》が社会を風靡《ふうび》した時期に、イギリスで大流行した大衆酒がジン（gin）である。「都市の爆発」の時代、急激な膨張を続ける都市の生活は不衛生で、悲惨だった。労働者は食事代わりに、ジンで空腹を忘れたといわれる。

ジンはもともとは、オランダ人の海外進出と結びついて考え出された酒であった。一六四九年にライデン大学医学部教授フランシス・デュボア（通称ドクター・シルヴィウス、一六一四—一六七二）が、利尿作用があるヒノキ科常緑樹の「ネズの実（ジュニヴァー・ベリー）」を摂取しやすくするためにアルコールに浸《つ》けて蒸留した。

この酒は、利尿、健胃、解熱の効果が大きく、もともとは砂糖キビ栽培などのためにカリブ海域に移住するオランダ人向けの薬用酒だった。折から環大西洋経済圏が成長をとげつつある時期であり、一旗あげようとして多くのオランダ人が熱帯のカリブ海域に移住したのである。気候条件があまりにも異なる地域に出かけるのであるから、胃腸を整える強壮酒が必要になる。

デュボアは自分が考案した酒に「ジュニエーヴル」という名をつけ、ライデンの薬屋に専売権を与えた。彼は利益を上げることなどにはまったく無頓着《むとんちゃく》だったのである。しかしこの薬用酒は大評判になって飛ぶように売れ、目先の利く薬屋は大儲《おおもう》けをした。なにかコカ・コーラが世に出た物語と類似している。

ジンは、大麦、ライ麦などを混ぜ合わせたあとで麦芽を加えて発酵させ、ネズの草根木皮、コリアンダーなどのさまざまなハーブを加えて蒸留した、無色透明でアルコール濃度四〇—五〇パーセントの「松ヤニ臭い」酒である。単式蒸留器で二回から三回蒸留されたジンには原料の穀物の香りも残っており、それにネズの実の香りが加えられたために複雑な味わいがあった。つまり、辛く、重い酒だったのである。しかし、独特のヤニ臭さが逆に受けて飲用がひろがり、「イエネーヘル」と名を変えてオランダを代表する酒になった。

アジアの植民地ジャワに移民用に輸出されたほどである。「ジン」という酒名だが、「ジュニエーヴル」がスイスの都市ジュネーブ（Geneva）と同じ綴《つづ》りに変化し、オランダ語の「ジュニヴァー（Genever）・ベリー」、フランス語の「ジュニエーヴル」となり、それが短縮され英語の「ジン（gin）」になったのである。

名誉革命はジン革命

名誉革命（一六八八—八九）でジェームズ二世がフランスに亡命したあと、オランダからイギリス王として迎えられたウィリアム三世（位一六八九—一七〇二）は、オランダのジンをイギリスで流行《はや》らせようと考え、一方ではフランスから輸入されるワインやブランデーの関税を引き上げ、他方では母国の「ジュニヴァー」の生産を部下に許した。また、「真のイギリス国民たるものは、こぞってジンを飲もう。ジンの原料の大麦は、イギリス農民が育てた作物である。ジンを飲んで、わが農民を支持しよう」と、国民に呼びかけた。ウィリアム三世はイギリス立憲政治の基礎を築いたとされるが、それと同じぐらい、ジンをイギリスに定着させる功績があったのである。もしウィリアム三世がイギリス国王にならなければ、ジンという酒はイギリスにこれほど深く浸透しなかったであろうといわれている。

イギリスではそれまでイングランド西北部でつくられるリンゴ酒が国民的なアルコール

飲料だったが、ウィリアム三世の奨励策により「ジン大国」に変わっていった。政治が酒の運命を開き、ジンのイギリスでの第二の人生が始まったのである。

一六八四年から一七二七年にかけて、イギリスのジン生産量は五〇万ガロンから三五〇万ガロンへと七倍にふくれ上がった。しかし、安酒であるがゆえに民衆による過度の飲酒が深刻な社会問題になっていった。一八世紀前半にはジンが庶民の間で水の代わりとして浴びるように飲まれ、ジンを飲めばだれでも王になったような壮快な気分になれるといわれ庶民の間に浸透した。ジンは、そうした意味合いを込めて「ロイヤル・ポバティ（貧乏）」と呼ばれた。

労働者は水よりもジンを飲んだ

ロンドンでは、「茶」「ミルク」などよりも「ジン」の値段のほうがはるかに安く、ジンの愛飲者が増加した。ジンは、パブだけではなく床屋やタバコ屋でも簡単に買えたのである。そのために貧しい人々はジンに泥酔し、酒による犯罪が多発した。子供たちもジンに冒されていく。

都市が過密状態で飲料水が汚染されたということもあり、貧しい母親が乳飲み子にジンを与えるという現象も現れるほどだった。ある人物が、「ロンドン市民一〇万人の主食はジンであった」と述べているほどである。すでに一七三五年にイギリスでは生産量が約二〇〇〇万リットルに達し、乳幼児を含めて一日に一人が四から五リットルものジンを飲んでいたとされている。

一七五一年にホーガスが描いた「ジン横町」という「ジン」の害毒を描いた有名な絵画があるが、そこには酔い潰《つぶ》れて幼児を放り出す母親、飲み代ほしさに質屋に鍋《なべ》やヤカンを質入れに行く人、首吊《くび》り自殺に追い込まれる人などの人生模様が描かれている。

ジンの過飲が社会問題になると、一七三六年に議会は泥酔者を少なくする目的でジョン・ジキールの提案に基づいてジンに対する税を一挙に四倍に引き上げ、一定の売上げのある酒場（年額五〇ポンドの税を収める公衆酒場）にのみジンの販売権を与えるという法律を制定した。ジンの過飲を防止し、無免許の公衆酒場を取り締まることが狙いだったのである。

「貧しい者がジンを楽しめなくなる」、「悪法だ」。不満をもった下層民衆は暴徒と化し、蒸留所を襲い、略奪、破壊するなど乱暴狼藉《ろうぜき》のかぎりを尽くした。一五年後の一七五一年にあまりの反対の強さに押されて法律は廃止されたが、長期の取り締まりと暴動により、粗悪なジンを製造していた小規模蒸留所は淘汰《とうた》されていった。

砂糖を添加されたロンドン・ジン

産業革命の最中の一九世紀はじめに連続式蒸留器が出現すると、大麦、トウモロコシなどの穀類を大量に発酵、蒸留させて純度の高いアルコールをつくったのち水で割り、ネズの実、コリアンダー、シーズ、シナモンなどで香りをつける安価な「ジン」が量産されるようになる。このジンは蒸留過程で不純物を取り除き、そのあとでネズの実で香りと味つけをしただけのシンプルな酒だったが、すっきりとした口ざわりのよさが歓迎されて、「ロンドン・ジン（ドライ・ジン、ブリティッシュ・ジン）」と呼ばれ、オランダ・スタイルの重い味のジンを凌《しの》ぐようになった。

ロンドン・ジンを「オールド・トム・ジン」と総称する。それは、一八世紀にジンの販売者ブロードシートが、頭をひねって店のショーウインドウに木彫りのトムキャット（雄猫）を飾り、客が猫の口からお金を入れると、足のパイプからジンが出てくる仕組みをつくって評判を呼んだのが呼び名の元になったともいわれている。現在でいうならば自動販売機である。このジンは砂糖の大衆化という時代風潮を受けて一パーセントから二パーセントの砂糖を加えた甘口のジンで、新たな大衆酒として飛ぶように売れたのである。

ジンの過度の飲酒が一段落した一八三〇年、ジンにビターズを加えて飲む新たな方法が考え出された。それ以来、ジンをベースとしてベルモット（白ワインにニガヨモギなどの香草を配合した酒）を加えるマティーニなどのカクテルが次々に生み出され、ジンのイメージが変わっていく。ジンの第三の人生のはじまりである。カクテルは、一九二〇年代の禁酒法下のアメリカで、人目をごまかして酒を飲む方法としてさかんになった。無色でほかの飲料と相性がよいジンは、カクテルのベースとして最適だったのである。こうして、ジンはアメリカで新しい人生を見いだす。そうしたことから、「ジンはオランダ人が生み出し、イギリス人が洗練し、アメリカ人が栄光を与えた」という言葉が生まれた。

5　独立戦争とバーボン・ウイスキー

ウイスキーが民衆蜂起を引き起こす

アメリカ合衆国はフロンティアの開拓を急速に進めて、大陸国家になった。アメリカは、フロンティアがつくったといわれるほどである。「明白な運命（Manifest Destiny）」というスローガンのもとに西部の広大な土地を先住民から奪い取り、大規模に開発するエネルギッシュな側面と、先住民を暴力的に抑圧する粗野な側面がアメリカ文明の特色をなしている。

大自然に挑む開拓者は、身を守るライフルを片手に、開拓に使う手斧《ておの》、トウモロコシの種を入れた袋を携えてフロンティアに入った。トウモロコシはどんな荒れ地でも育つたくましい植物で、開拓に欠かせなかったのである。開拓者に、つかの間の憩いを与えるのが酒だったことはいうまでもない。しかしトウモロコシからつくる酒「バーボン」が姿を現すのは、だいぶ時間が経ってからのことである。アイルランド、スコットランド系の移民は、最初はヨーロッパの伝統的な酒文化を引きずってライ麦、大麦でウイスキーをつくった。余剰穀物を利用してペンシルヴァニア中心にウイスキーの生産が拡大する。

そこに独立戦争が起こる。イギリスはアメリカ植民地では工場をつくらせず、釘《くぎ》一本にいたるまで本国から輸入する仕組みをつくっていた。そのために武器・弾薬が極度に不足し、アメリカ植民地はイギリスと対立するフランスのブルボン朝の援助によって独立を勝ち取ることになった。

独立達成後の一七九四年に起こったアメリカ最初の民衆反乱が、「ウイスキーの反乱(The Whiskey Rebellion)」である。独立戦争で多大の出費をやむなくされた政府は、戦後経済を立て直そうとして一七九一年にウイスキーへの課税に踏みきった。糖蜜《とうみつ》などの輸入原料からつくられた国産スピリッツには、一ガロンにつき一〇から三〇セント、国産原料でつくられたスピリッツには九から二五セントの課税がなされたのである。

それに大打撃を受けたのが、ペンシルヴァニア州の五〇〇〇軒にのぼる零細な醸造農家だった。イギリス本国の植民地に対する一方的な課税に反発して独立戦争を起こしたのに、これでは同じことの繰り返しである。連邦政府の役人が殺害されたり、州の税査察官の家に火が放たれるなど、農民たちによる大混乱が引き起こされた。

ペンシルヴァニア州西部の穀物農家の大半はウイスキーをつくり、それを唯一の現金収入源にしていたため、ウイスキーへの課税は彼らの家計に深刻な打撃を与えたのである。再選されていた大統領ジョージ・ワシントン（任一七八九—九七）は民兵隊の投入を決断し、多くの農民を逮捕して蜂起《ほうき》を収束させた。しかし逮捕された農民の大半は証拠不十分でのちに釈放され、反逆罪を宣告された二人も大統領令により赦免された。政府は農民を刺激したくなかったのである。反乱が収束したのち、ウイスキー税を不当と考える人たちはケンタッキー、テネシーなどに移住した。ウイスキーへの課税は撤廃され、南北戦争までは課税されなかった。そもそも初代大統領のジョージ・ワシントン（一七三二—九九）、第三代大統領のジェファーソンも、ウイスキーの蒸留業者だったのである。

アメリカ人はブルボン朝が好きだった

一七八九年はフランス革命が勃発《ぼっぱつ》した年だが、アメリカでは合衆国憲法が発効し、ジョージ・ワシントンが初代大統領に就任した年でもあった。「建国の父」ワシントンが大統領になった記念すべき一七八九年が、トウモロコシ酒であるバーボン（bourbon）の歴史が始まった年になる。フランス革命が勃発した年に、皮肉にもブルボン朝を讃《たた》える酒バーボンが自由の国アメリカで誕生したのである。

一七八九年、ケンタッキー（一七九二年に州となる）のバーボン郡に住んでいたエライジャ・クレーグという牧師が、アメリカ植民地で「生命の植物」とみなされていたトウモロコシを主原料とする蒸留酒をつくった。いうなればトウモロコシのウイスキーである。

彼は偶然手に入った内側の焼け焦げた樽《たる》にウイスキーを入れ貯蔵したのだが、偶然にも赤い独特の色と焦げた香りの素晴しいウイスキーができた。なんともいえないほどバランスのよい酒だったのである。そこでウイスキーを焦げた樽で成熟させるスタイルがアメリカにひろまり、赤い色と焦げ臭さを特色とする「バーボン・ウイスキー」が誕生することになる。クレーグは、「バーボンの父」として知られている。

ちなみにオハイオ川の南側のケンタッキー地方を最初に探検したヨーロッパ人は、フランスのラサール卿《きょう》ロベール・カバリエで、一六六九年のことである。ラサールは、「ルイジアナ」の命名者としても知られている。

一七七四年になると、開拓者たちの手でハロッズバーグが建設され、本格的な開拓が始まった。「ケンタッキー」という地名が先住民のチェロキー語で「牧草地」を意味することからわかるように、当時は一面の草原地帯だったのである。バーボンがつくられはじめたのは、ケンタッキーの開拓が始まってからわずかに一五年後のことである。バーボンは荒々しいフロンティアが生み落としたウイスキーでもあった。

「バーボン（Bourbon Whiskey）」という銘柄名は、アメリカ独立戦争を支援したフランスの王家「ブルボン」からきている。この酒が誕生した当時は、独立戦争で植民地に勝利をもたらしたブルボン家が大人気で、フランス風の地名を開拓地につけることが流行していた。バーボン郡の名も、ヨークタウンの戦いでワシントン率いるアメリカ軍を助けたフランスのロシャンボー将軍への感謝と、ルイ一六世への敬意を表すためにジェファーソンの提案によって名づけられたという。

今から思えば、フランス革命が勃発した年に、民衆により打倒の対象とされた王家の名を冠したウイスキーがアメリカ西部で生まれ、合衆国の「国民的な酒」として成長をとげたのはなんとも奇妙だが、それはアメリカ独立戦争とフランス革命を「市民革命」とする現代的視点があるからであり、当時としてはごく当然のことだったのである。

トウモロコシを主原料とするウイスキーは、ケンタッキー州のバーボン郡を中心につくられたため、バーボンは「ケンタッキー（Kentucky）・ウイスキー」とも呼ばれた。

ケンタッキーかテネシーか

バーボンの製法は、アメリカ合衆国の酒造法で厳密に規定されている。それによるとバーボンには、(一)原料の五一パーセント以上がコーンであること、(二)摂氏八〇度以下で蒸留すること、(三)貯蔵槽から出す時に四〇度以上、六二・五度以下のアルコール度を有すること、(四)内側を火で焦がしたホワイト・オーク樽で二年以上熟成すること、(五)摂氏四〇度以上でビン詰めされること、という五つの条件が必要とされている。

一八三五年にイギリスからケンタッキー州に移住してきたジェームズ・クロウは、すぐれた蒸留技術を駆使してホワイト・オークの樽で熟成するストレート・バーボン・ウイスキーの名品を生み出し、「バーボン」をアメリカの国民的ウイスキーの座につけることに貢献した。彼の名をとった「オールド・クロウ（Old Crow）」は、現在でもバーボンの名品としての評価を受けている。一八五五年にケンタッキー州のローレンスバーグに創設された蒸留所オースティン・ニコルスが、これ以上のものはないと自負して世に出したのが、現在でも最高の「バーボン」とされる「ワイルド・ターキー（Wild Turkey）」である。

日本で有名なバーボンの「ジャック・ダニエル（Jack Daniel's）」は、アメリカでは「テネシー・ウイスキー」として別格の扱いを受けている。一八六六年、弱冠一五歳のジャック・ダニエルは、テネシー州のリンチバーグに小さな蒸留所をつくった。彼は、一八歳の時にサワー・マッシュ（原料のトウモロコシや大麦を粉砕して温水を加え、イーストを加える前に発酵させた蒸留廃液）を使ったバーボンを考え出した。彼がつくった「ジャック・ダニエル」は、現在では代表的なバーボンとして世界各地に輸出されている。

一九世紀後半、バーボンは愛国心をくすぐる巧みな宣伝により、アメリカの国民的な酒としての地位を獲得した。宣伝に使われたのは、「フランス人にはブランデー、オランダ人にはジン、アイルランド人にはウイスキー、イギリス人には黒ビールがあるのに、どうしてわが国には国民酒がないのか？――」というキャッチ・コピーである。さすがはマーケティングの国、アメリカだけのことはある。

6 フランス革命に彩りを加えたワイン

ワインは神、私は哀れな男

一般には、一七八九年七月一四日のパリ市民によるバスティーユ監獄の襲撃がフランス革命の発端とされているが、ヒュー・ジョンソンの『ワイン物語』は、その三日前にワインの密輸業者などに率いられた民衆が、パリの周辺に位置する関税門のひとつを焼き払ったことを重視している。それに刺激されて翌日、翌々日と関税門の襲撃が相次ぎ、その延長線上にバスティーユの襲撃があるというのである。

パリ市の入り口には四〇〇年前から多数の関税門が設けられ、特定の品に入市税を課していた。とくにワインの税率は高く、パリ市内のワインの値段は、周辺の農村の三倍にもなっていたのである。しかし、非課税特権をもつ貴族は、自由に安いワインを市内に持ち込めた。折からの凶作で、食べることも、ワインを飲むこともままならないパリの民衆が、不当な税をかける関税門に怒りの目を向けたのは当然だった。

一七九一年になると、パリに入るワインに対する関税が廃止された。ワインが、規制を受けずに商品として自由に流通するようになったのである。しかし、入市税は重要な収入源であったことから、すぐにワインの関税は復活されることになり、一八八二年には半額になったものの、一八九七年に撤廃されるまで続いた。

気弱で政治オンチなルイ一六世は、保守派の貴族の働きかけもあって革命に敵対し続けた結果、王権が停止され、一七九三年に「国民への敵対」の罪で首切り機械のギロチンにより公開処刑された。処刑前夜にルイ一六世はつぎのような手紙を書いたという。

「ヴェルサイユで私は、途方もない贅沢な暮らしをしていた。しかし今日、神よ、私はあなたを称える。私は古代の賢明なる王たちと同様、小聖堂内にあるささやかな私の部屋で、一杯のワインを前にして、私の治世を終える。私は司祭とともにあり、彼は今、神とブドウの果実の結合に備えて、ワインと水を混ぜている。ワインは神であり、神はワイン、すなわち私の敵たちの正反対のものである。（中略）私はもはや王ではなく、若芽をもたないブドウのように私自身や子供たちから切り離された哀れな男にすぎない」（ヒュー・ジョンソン　小林章夫訳『ワイン物語（下）』）。

革命を主導したボルドー商人

フランス革命で主導的役割を果たした富裕な市民のなかでも、ボルドーのワイン商人

（ネゴシアン、Negociant）は、一大勢力だった。ボルドー・ワインは、「白」で二年から四年、「赤」で五年から一〇年も熟成させなければならなかったことから、ボルドーでは資金をもったワイン商人が、ブドウやワインを買い入れて製品化し、イギリスに輸出したのである。

彼らは、ワイン醸造所（シャトー、もともとはブドウ畑を所有する領主の館《やかた》の意味）の所有者である貴族と折り合わなければならなかったため、ジャコバン・クラブという共和派右派の中心になった。ちなみに世界を代表する赤ワインの約半分が、この地区のブドウでつくられている。ワイン商人は貴族の排除を主張せず、穏健な改革を目指したのである。ボルドーのワイン商人がジャコバン・クラブの右派の中心だったために、「ジロンド党」という呼び名が生まれたことからもワイン商人の政治力が理解できる。

ボルドー・ワインの積み出し港ボルドーは、ガロンヌ川に面した川の港である。ガロンヌ川は、ドルドーニュ川と合流してジロンド川となるが、ボルドーからジロンド川の河口までの約八〇キロの地域の左岸（幅一〇キロ）が、メドック地区といってブドウ畑が続くワイン生産の中心地域である。そうした関係で、ジロンド県には富裕なワイン商人が多かった。

立法議会でジロンド党が主導権を握ると、彼らは主導権の強化を図り、オーストリアに宣戦した。しかし、戦局は苦戦続きで、義勇軍の参戦を呼びかけなければならなくなる。

庶民大衆の参戦で、革命は尖鋭化《せんえいか》の方向をたどり、第二のバスティーユといわれる八月一〇日事件の結果、王権は停止。さらには国王ルイ一六世の亡命貴族との通謀が明らかになって、国王の処刑、共和派の左派による恐怖政治へと革命は過激化の方向をたどった。その時に、ボルドーのワイン商人二〇〇人が逮捕され、そのうちの一八人が処刑された。それにもましてボルドーのワイン業者に打撃を与えたのが、ナポレオン一世により出された大陸封鎖令だった。イギリスと大陸諸国との貿易を一切禁止するこの勅令により、イギリスに向けてのワイン輸出に頼っていたボルドーは、大きな打撃を受けたのである。

第六章　酒は巨大化する人工空間を満たす

I　夜の街を彩る「バー」はひろがる

酒場は旅籠から始まった

産業革命後に都市が「生産の場」になって数と規模を増し、鉄道、蒸気船、二〇世紀の自動車、航空機のネットワークの発達が大規模な人の移動を生み出すと、酒場が都市の夜を彩るようになっていく。エディソンにより白熱電球がつくられて、昼間のように光り輝く「夜の長い時間」が生み出されたことも、酒場の急激な増加と強く結びついた。人類は第二の昼を誕生させ、酒の膨大な需要を新たに生みだしたのである。

酒場の起源は、宿泊施設にあった。カエサル（前一〇〇頃—前四四）がガリアを攻撃した時にローマ軍の前進に伴って長い兵站線《へいたんせん》が生まれ、前線に物資を補給するための補給基地、宿泊施設が必要になった。そうしてつくられたのが「イン（inn、「雨露がしのげる場所」の意味）」である。

やがて「イン」の周辺に、人々が集まり住むようになる。「酒場」は元来そのようにして成立した宿泊施設の一部だった。酒場が姿を現すのは、四世紀以降のことである。そうした酒場は、軍隊の駐屯地を意味するゲルマン古語「ヘルベルゲ（herberge）」から派生する「オーベルジュ（auberge）」あるいは「ターバン（tavern、「居酒屋」の意味）」と呼ばれていた。時間が経過するなかで、「イン」はホテルに、「ターバン」はレストランに姿を変えていく。

都市が発達する一三世紀頃になると、飲食専門の居酒屋が分離したが、それはオランダ語で「部屋」を意味する「カブレット（cabret）」に由来して「キャバレー（cabaret）」と呼ばれ、各地の地酒である「ワイン」を提供した。イギリスでは、ビールを飲ませる「エール・ハウス（ale house）」が登場し、一五世紀後半に全盛期を迎えた。その系譜を引くのが、一九世紀以降の「パブリックハウス」という居酒屋、つまりパブ（pub）である。パブは、町のコミュニティ・センターでもあった。

パブは、伝統的なビールのエール、スタウトを飲ませ、簡単な軽食も出す。現在もイギリスには約七万軒以上のパブがあり、なかには一六世紀以来という伝統のあるパブもある。しかし、その六割以上はビール会社の経営であるともいわれる。フランスでは、居酒屋は「カバレ」あるいは「タベルヌ」といわれた。

一七世紀にオスマン帝国から新しい飲料コーヒーが入ってくると、たちまちヨーロッパにひろまり、「キャバレー」でもコーヒーを扱うようになった。時が経つにつれてしだいに両者は分かれ、「キャバレー」は酒類を中心に扱う店、「カフェ」はコーヒーを中心に扱う店、というように分離していく。

産業革命後に都市の規模が急激に拡大すると、「ショー」を楽しませる大型店が出現して「キャバレー」と呼ばれるようになった。ムーラン・ルージュやリドは、豪華なショーで有名である。「カフェ」もコーヒーとともに酒類を扱うようになり、やがて地域の人たちのための酒場に変わっていく。

アメリカ西部起源のバー

それに対して、急速な「西部」の開発により大陸国家に成長したアメリカでは、西部開拓の前線に「サロン（salon、フランス語で「客がくつろげる場所、客間」の意味）」が訛《なま》った「サルーン（saloon、「大広間、皆でくつろぐ談話室」の意味）」という飲食店がひろがる。サロンとはイタリア語の「サローネ」に由来するが、もともとはフランスの建築用語で「個人の邸宅の中で客を接待するための部屋」を意味していた。

当時の西部の飲食店では、木樽《きだる》に入れたウイスキーを「グラス売り」していた。しかし酔った荒くれ男が店主の目を盗んで勝手に酒樽から酒を飲んでしまうことがしばしば起きたために、業者は頑丈な横棒（バー）を渡して、客が酒樽に近づけないようにした。境の「棒」は、やがて「横板」に変わり、対面式の酒場に変化する。それが「バー（bar、酒場）」である。現在のバーのカウンター下の足かけ棒が、バーの変形という説がある。

一八三〇年代になると、バーと「テンダー（tender、見張り、世話人）」が結びついて、バーテンダーという言葉が生まれた。酒樽を見張る用心棒が必要だったのである。一九世紀後半には、バーテンダーは、酒場を管理する人間とみなされるようになった。呼び名も、「バーマン（barman）」「バーキーパー（barkeeper）」と変わってきている。

バーテンダーとは

一九世紀に世界各地に鉄道網の建設がひろがると、鉄道の駅近くに旅行者の便宜を図るための豪華ホテルが建てられるようになる。ニューヨークの旧ウォルドルフ・アストリア・ホテルなどは、その時代の一流ホテルである。二〇世紀に入ると、大都市に短期滞在型のホテルも出現した。一九〇八年に開業したニューヨーク州バッファローのシェラトン・ホテルがその例である。第一次世界大戦後、大衆消費社会に入るとホテルの建設も急ピッチで進み、世界規模で飲酒の場が増加した。

ホテルのバーが増え、カクテルがさかんにつくられるカクテル全盛時代に入ったこともあって、バーテンダーはカウンターの中でカクテルをつくり、豊富なアルコール飲料の知識と対話で客にサーヴィスする酒の専門家になった。ソムリエがあらゆるワインに精通する専門家であるとするならば、バーテンダーはあらゆる酒の種類と味に精通し、豊富な種類のカクテルを客の好みに合わせてバランスよくつくれる専門家であり、幅広い知識をもって接客することが求められている。

2 酒の世界の「産業革命」

新興都市が求めた酒の大量生産

「都市の爆発」現象がヨーロッパにひろまり、酒の需要が増加するとジンとウイスキーの増産が始まった。産業革命期の一八二三年、スコットランド北部（ハイランド）出身の上院議員アレクサンダー・ゴードンの提案で小規模醸造所には低い税を掛けるとする法律が成立し、密造ウイスキーの時代は終わりを告げた。それまでスコットランドのハイランド地方では、税金逃れの密造ウイスキーがつくられていたが、その量はきわめて限られていたのである。

一八二六年になるとロバート・スタインが連続式蒸留器を発明し、連続的に蒸留を繰り返し、短期間で大量のウイスキーを蒸留する方法を考え出した。一八三一年、アイルランドに派遣された酒税監視官イニアス・コフィーはそれを改良して、連続式蒸留器（彼がパテントを取ったために「パテント・スティル、patent still」と呼ばれた）の効率を高めた。グラスゴーを中心とするスコットランド南部（ローランド）では、パテント・スティルを使い安いウイスキーを大量に蒸留するようになる。

従来の蒸留では発酵した溶液を蒸留器に入れ、熱を加えて沸騰させてアルコール分を抽出したところで蒸留が終わった。古いモロミを取り出し、新しいモロミを入れて加熱し直さなければならなかったのである。コフィの蒸留器では精留装置がつけ加えられ、次々に発酵した原料溶液の追加を繰り返して蒸留を続けながら不純物を取り除き、高濃度のアルコールを大量につくり出すことができた。蒸留過程が機械化され、大量の蒸留酒の製造が可能になったのである。

鼻で混ぜ合わされる異種ウイスキー

安価なトウモロコシを原料として連続蒸留器でつくられるグレン・ウイスキー（Grain Whisky）は、トウモロコシを蒸して煮たあとに約二〇パーセントの麦芽を加えて糖化・濾過《ろか》、発酵させ、その後連続蒸留器を使って純度九五パーセントぐらいの無色のアルコールを取り出したものであった。

連続蒸留器はもともと大衆酒ジンの蒸留用に開発され、蒸留成分ごとに沸騰点を区分して混じり気の少ないアルコール分を選択できる蒸留器械だった。連続蒸留器を使えば、大量の無色、無臭の味気ないアルコールを抽出できたのである。そのようにして蒸留されるウイスキーがグレン・ウイスキーだった。

グレン・ウイスキーは大量生産されるのできわめて安価だったが、ピートによる燻蒸《くんじょう》もないために味にコクがなく、香りもほとんどないという弱点をもっていた。それとは対照的に伝統的な方法でつくられ、樽で熟成したモルト・ウイスキー（Malt Whisky、シングル・モルト）は生産量が少なかったものの、強烈な個性とコクがあったのである。

そこで当然のことながら、両者を混ぜ合わせればよいウイスキーになるのではないかというアイデアが生まれた。それを具体化したのが、アンドリュー・アッシャーだった。一八六〇年頃から、生産量が少ないけれども独特の風味をもつモルト・ウイスキーと、大量に生産された無味、無臭のグレン・ウイスキーのブレンドがさかんに行われるようになる。

こうした複数の小規模の醸造所で蒸留されたモルト・ウイスキーを大量のグレン・ウイスキーと混ぜ合わせ、ビン詰めにしたものを「ブレンデッド・モルト」という。大樽で混ぜ合わせるウイスキーの意味である。

だいたい一五種類から四〇種類のモルト・ウイスキーと、三から四種類のグレン・ウイスキーが微妙に組み合わせられた。嗅覚《きゅうかく》にすぐれた職人が、一定の味と香りに変化が起きないように独特の風味を保ち続ける役割を担うことになる。つまり、すぐれた鼻によりウイスキーの品質が維持されるようになった。鼻がウイスキーの品格を保ったのである。それが私たちになじみの深い、市販のウイスキーということになる。

一八七七年、過当競争を防止するために六つのウイスキー会社が協力してイギリス蒸留者協会（D.C.L）を発足させ、協会はスコットランドに散在する小規模なモルト・ウイスキー会社を買収し「ヴァッテッド・ウイスキー」生産を独占する基盤を築いた。一九八九年に同協会は「ギネス・ブック」で有名なギネス社に吸収された。

しかし、グレン・ウイスキーと混ぜ合わせて大量に生産される商品化されたウイスキーを、従来のモルト・ウイスキーと同じように「スコッチ」と呼んでもいいのかという論争が起こった。論争は二〇世紀初期まで続くことになる。

アブラムシがスコッチを有名にした

一八六〇年代以降、フランスでフィロキセラ（ブドウ根アブラムシ）が大流行してヨーロッパのブドウ畑が壊滅状態に陥ると、当然のことながらワインとコニャックの価格が暴騰した。それがヨーロッパの酒文化の一大転機になる。イギリス人が「スコッチ」を飲むようになったのもそのためである。イギリス全土にウイスキーが浸透したのは、つい最近のことだったのである。

一九〇八年には王立委員会が、「ウイスキーとは麦芽のジアスターゼを用いて糖化した穀物のもろみから蒸留によって得られるスピリッツ」であり、「スコッチ」はスコットランドで蒸留されたウイスキーであるという判断を示した。激しい論争ののち、モルト・ウイスキーとグレン・ウイスキーのブレンドが「スコッチ」として認められるようになったのは、一九二五年のことである。以後ウイスキー業者は、数十のモルト・ウイスキーと安く大量につくられるグレン・ウイスキーを独自の割合で混ぜ合わせ、味を競い合うようになった。しかしブレンドするモルト・ウイスキーとグレン・ウイスキーがスコットランドで蒸留されたものでなければ、「スコッチ」とはみなされない。モルト・ウイスキーはスコットランド北部（ハイランド）、ブレンド用のグレン・ウイスキーはスコットランド南部（ローランド）のエジンバラとグラスゴーを結ぶ地域で生産されている。しかし、「ヴァッテッド・ウイスキー」はあくまでも人工的に味と香りが調合された工業製品であり、自然の風味は失われた。

そこで一九六〇年代になると、緑色の三角形のボトルに特色があるグレン・フィディック（「鹿の峡谷」の意味）で蒸留されたモルト・ウイスキーが「シングル・モルト・ウイスキー」として売りに出された。伝統的な「スコッチ」の味を復活させようとしたのである。ウイスキーの本来の姿が蘇《よみがえ》ったのである。シングル・モルト・ウイスキーとしては、スコットランド北部の山間部で蒸留された「ザ・グレンリベット（Glen livet）」が高い評価を得ていたが、最近は自社製の樽《たる》をスペインに無償で貸し出し、芳醇《ほうじゅん》なシェリー酒「オロロソ（Oloroso）」の熟成に二年間使ったあとで、その樽を熟成用に使用する「ザ・マッカラン（Macallan）」が評判を呼ぶようになった。スペインから輸入されたシェリー酒の空樽でウイスキーを熟成させることを考案したのはジェームズ・ストダートという人物だが、一八三五年に彼が創設したストダート社は、「オールド・スマグラー（密造者）」というスコッチの歴史を物語るような名の「スコッチ」をつくった。一般的に「モルト・ウイスキー」はバーボンの空樽（バーボンは新しい樽しか使わない）を使って熟成するケースが多かったようである。

日本に輸入される「スコッチ」はほとんどがアルコール度四三度のものだが、イギリスで売られているものは、第一次世界大戦の際にイギリス政府が大麦の消費を抑制する政策をとった名残りから四〇度に抑えられている。

ちなみに、日本でウイスキーが発売されたのは明治四四年、国産ウイスキーの醸造が開始されたのは、関東大震災があった一九二三年のことで、京都郊外の山崎においてだった。

3　チャンピオンになったラガービール

雑菌を排除するには？

酒の大衆化の先頭に立ったのが、伝統的な酒のビールだった。ビールがどのようにして商品性を高め、大量に生産されるようになったのかを「商業革命」の時代からたどってみるとつぎのようになる。

砂糖などの環大西洋経済圏の商品とコショウなどのアジアの特産品は、フランドル地方のスケルデ川河口の港市アントワープに集められ、そこからヨーロッパ各地に売りさばかれた。一五三一年、アントワープには世界最初の商品取引所が設けられている。スペイン、ポルトガルは、アメリカやアジアへの航路の開発で急成長したにわかづくりの海運国家であり、ヨーロッパ各地をつなぐ緻密《ちみつ》な商業ネットワークをもっていなかったことが、フランドル地方の繁栄につながったのである。

フランドル商人にとって麦芽の煎《せん》じ汁を発酵させた「エール（Ale）」と呼ばれるビールは、大量にさばける大衆商品だった。しかし「エール」には、アルコール度数が低く保存が利かないという大きな弱点があった。腐敗を起こりにくくしなければ、商品にはなりにくい。そこで抜け目のないフランドル商人は、殺菌効果のあるホップを使ったドイツ・ビールに目をつけた。ホップ入りのビールであれば商品が傷む割合が低く、歩留まりが高いというわけである。

ヨーロッパ大陸の内陸部に位置するミュンヘンは冬と夏の温度差が大きく、冬に醸造したビールが夏になると微生物の繁殖によりたびたび腐ってしまった。そこでビール業者は醸造したビールを樽に詰めて地下室に貯蔵し、冬に川の氷で冷やして保存した。そうしたビールは、「貯蔵するビール」の意味で「ラガー（貯蔵する）ビール（Lager Beer）」と呼ばれた。

フランドル商人のたくましい才覚により、ホップの入った長期保存が利くビールがヨーロッパ中に宣伝されていくことになる。オランダ人は、そうしたビールを「ショッペン(schopen)」と呼んだが、そこからフランス語の「ジョッキ（chope)」という言葉が生まれた。

低温ビールと常温ビールの抗争

ビールの腐敗の原因は雑菌の繁殖だったが、それを抑える方法は二つあった。ひとつは発酵をスタートさせる段階で大量の酵母を投入し、雑菌に増殖する余地を与えない方法、もうひとつは雑菌が繁殖しない低温でビールを発酵させる方法だった。低い温度で発酵する酵母を見つけることができるならば、後者の技術の方が実用化は容易である。低温でも活発に繁殖するビール酵母が確保できればよいのである。

そこで、低温で発酵するビール酵母が熱心に探された。苦心の末、ついに低温に強いビール酵母が発見されることになる。先に述べたようにドイツのバイエルン地方の醸造師たちは秋が終わる頃に洞窟《どうくつ》の中で氷とともにビールを貯蔵し、翌年の春にビールとして取り出していた。このラガービールをつくる酵母は、発酵の最終段階で沈殿する性質をもつことから「下面発酵酵母」と呼ばれ、発酵自体は「下面発酵」と呼ばれた。それ以前に一般的に行われていた「上面発酵」と区別されたのである。上面発酵は、底に沈降せず液中に浮いている酵母の発酵を指し、その酵母を用いたビールは、「スタウト」とか「エール」と呼ばれた。

カエサルが侵攻する以前からエールがつくられていたイギリスでは、一八世紀前半にハーウッドが三種類のエールをブレンドした栄養価に富む「ポーター（荷物運搬人）・ビール」というエールを発売して大人気を得た。重労働する人でも元気を回復できるビールというわけである。

それに対してラガー酵母のビールとして名声を高めたのが、一八四二年にチェコ西部のピルゼン（チェコ語ではプルゼニュ）で醸造された「ピルズナー・ウアクヴェル（ピルゼンの泉）」だった。いわゆる「ピルスナー（Pilsner）」である。良質のボヘミア産のホップを利かしたピルスナーは柔らかい香りに満ち、太陽のように薄黄色に輝く美しいビールである。エールがいずれも黒っぽい色だったのに対し、ピルスナーは見た目がさわやかな太陽の黄金色だった。

産業革命後の一八七四年になると、アンモニア式冷凍機が登場し、低温を人工的に長期間持続させてビールを熟成することが可能になった。デンマークのハンセンによりラガー酵母の純粋培養技術が開発されたことで、ローカルだったラガー酵母が量産され、またたく間に世界中にひろがった。ラガービールが世界のビール界を制覇し、エールはローカルなビールに転落したのである。

エールとは？

ちなみに、日本の三大ビール会社がつくっているビールの九九パーセント以上は「ラガービール」である。ラガー酵母による下面発酵のビールの製造には四週間から六週間が必要であり、二週間で製造が終わる上面発酵よりも時間がかかったが、品質を一定に保つことができ、冷やしておけば長期間の保存が利くという利点があった。

ラガービールに対して常温で働く酵母を使うビールが、上面発酵のビール「エール」である。エール酵母は常温で発酵することからほかの微生物、野生酵母などが繁殖しやすく、味に微妙な変化が出るという長所があった。つくってみなければ味はわからない、自然と密着したビールである。しかし、時には味が不快になってしまったり酸っぱくなったりして、味を均一に保つのが大変だった。大量生産される品質の均一な「商品」としてはラガービールのほうが都合がよかったのである。

エール酵母を使うビールは種々雑多だが、イギリスのブロンド色のエール、ホップの苦みが強いビター、ドイツのバイエルン地方特産のヴァイツェン、デュッセルドルフが本場のアルト、ケルンでつくられるまろやかな味のケルシュなどがその代表である。

エールの酵母の発酵温度は十数度と高いので、冷やさないで常温のまま飲む。一時は、ラガーに市場を制されたエールだが、ここ二、三〇年来、大ビール・メーカーがつくる均質化されたビールに飽き足らなくなった人々がエールの味を見直しつつある。

ビールの量産を可能にしたアイデア

流れ作業でビールの大量生産を行う場合にもっとも困難だったのが、ビールをビンに入れたあとで密封して低温殺菌する技術の開発だった。ビン詰めの技術は、一九世紀初頭のナポレオンの時代に開発されていたが、機械で手際よく大量のビールを密封するのが難しかったのである。こうした大量生産の技術が開発されたのは、アメリカだった。西部に巨大市場をもつ大陸国家アメリカでは、鉄道網によりビールの長距離輸送が可能であり、長期保存の効くビールを量産できれば利益は計りしれなかった。庶民の国アメリカでは、なによりも簡単に飲めるビールが好まれるという事情もあった。

大量生産には、一八七〇年代に定着したビンを摂氏六八度から七二度の蒸気で熱して殺菌する技術を効率化する必要があった。そうした点で、一八九二年にアメリカ人ペインターが発明した「王冠（クラウン）」という取り外しが簡単にできる密閉フタが決定的役割を果たした。いうならばビールのビン詰めだが、フタの簡単な取り外しがミソだった。

ビールをビンに詰めたあとの王冠の密閉は流れ作業化され、大量生産が可能になった。

当然のことながらビンの大きさも「王冠」に合わせて規格化された。特許が取られたために二一のヒダをつけた「王冠」が、現在でも世界中で用いられている。

一九二〇年代にアメリカで世界に先駆けて冷蔵庫が普及したことも、三〇年代以降の爆発的なラガービールの需要増加の下地になった。ところで、アメリカ合衆国におけるビール生産の中心地はミルウォーキーである。「水が近くに集る所」という意味の先住民の言葉から地名がつけられたウィスコンシン州最大の都市ミルウォーキーは、五大湖とセントローレンス水路を結ぶ水上交易の要所に位置している。ドイツ系移民が多かったこともあって古くからビールの工場が建てられ、水運と鉄道により広い地域にビールを供給した。

現在、世界のビール生産量は、ゆうに一億キロリットルを超えている。世界の最大のビール消費国はアメリカ合衆国で、第二位中国の一・五倍以上である。しかし、国民一人あたりの年間消費量でみると、伝統的にビール製造がさかんだったヨーロッパが優勢で、一五七リットルのチェコが第一位で、アイルランド、ドイツ、オーストラリアと続き、年間一〇〇リットル以上の消費国は五か国におよぶ。

4　低温殺菌で世界商品になったワイン

ワインを熟知していたパストゥール

産業革命後、都市の有産層の間でワインの需要が激増した。鉄道が大量の酒の輸送を可能にしたのである。しかし、輸送中に腐ってしまうのでは元も子もない。腐敗防止がワインの商品化の大前提になった。ワインの腐敗を防ぐための殺菌技術が必要になったのである。

そうしたなかでルイ・パストゥール（一八二二―九五）が、難題の解決に成功する。パストゥールは発酵のメカニズムを解明するとともに低温殺菌の技術を開発することによりワインの長期保存を可能にした。それが、ワインの大量輸送、大量生産時代の幕をひらいたのである。パストゥールの低温殺菌技術を利用すれば、味を損ねずに腐敗を防げたからである。

パストゥールは、フランスの著名なワイン産地ブルゴーニュの東方、スイスと国境を接するジュラ地方の出身だった。ジュラ地方のワインは、フランソワ一世（位一五一五―四七）やアンリ四世の食卓にのぼり、オランダ、スイス、ドイツなどにまで輸出されるほどの名品だった。

なかでも名声を得ていたのがロゼ・ワイン（赤ワインと白ワインの製法を折衷してつくるピンク色のワイン）の産地アルボワだったが、一八二二年にパストゥールはその地に生まれた。パリのエコール・ノルマールの化学課程を卒業したパストゥールは、一八四六年に助手になったものの、一八四八年の二月革命の際は革命に参加して国民軍兵士となり一時研究が中断された。

一八五八年、彼が三六歳の時に大量のジュラ・ワインが腐敗するという大事件が起こった。郷土の大ピンチである。パストゥールは、そうした不測の事態が起こる理由を突き止めるために微生物の研究を始める。一八六四年、彼は故郷のアルボワのカフェに臨時の研究室を設け、友人のワイン酒蔵の協力を得て、顕微鏡を使った観察を進める。ワイン生産の中心地なので、発酵研究の材料には事欠かなかった。

「ワイン通」の勘が探り当てた五五度

一八六三年になると、フランスから輸出された五二〇万キロリットル、価格にして約五億フランものワインが腐敗するという大事件が起こった。フランスを代表するワイン産業を安定させようとしていたナポレオン三世（位一八五二―七〇）は、当時まだ無名の化学者パストゥールに腐敗防止の研究を依頼する。その後二年間におよぶ研究を経て、パストゥールは糖分をアルコールに変える段階でアルコール酵母の役割は終わるのだから、ほかの微生物がワイン腐敗の原因にちがいないと推測し、酒の味を変えない二、三の化学薬品を加えることで微生物の働きを抑えようとした。しかし、なかなかうまくいかない。

そこでパストゥールは発想を転換し、加熱によって微生物を殺す方法に切り換えた。しかし、あまり温度を高くしすぎると、ワインの味と風味が失われてしまう。微妙な判断が求められた。パストゥールは、ワインは酸性でアルコール濃度が一〇パーセント程度なので、微生物にとってはあまり好ましい生存環境ではない、それゆえに低温で微生物の活動を抑制できるはずではないかと予測した。

しかし、どの程度に温度を設定するのかが問題だった。ワインの風味を損ねずに、微生物を殺すには何度までワインを温めればよいのか。それは、まさに直感が解決する問題だった。そこで、長年ワインと付き合ってきたパストゥールの経験が生かされることになった。彼は五五度に温度を設定し、数分間、ビンの中のワインを加熱すれば、腐敗は起こらないであろうと結論を下した。彼の勘は、見事に的中したのである。

一八六六年にパストゥールはアカデミーに研究結果を報告し、低温殺菌の方法を公表した。彼の殺菌法は、ワインやビール、牛乳などの長期保存を可能にし、世界の酒文化を大きく変える転機になった。醸造酒の長期保存が可能になり、大量生産への道が拓《ひら》かれたのである。低温殺菌技術は、彼の名をとって「パストゥリゼーション」と呼ばれている。

パストゥールは低温殺菌法を普及させるために、パリの全国ワイン販売組合に殺菌したビンと殺菌しないビンのワインの比較研究を依頼し、その結果有効性が実証されて「パストゥリゼーション」は不動のものになった。

鉄道が育てたボルドー・ワイン

フランスのワインが世界中に名をとどろかせた背後には、すぐれた演出者がいた。パリの大規模な都市改造を命じ、「花の都」パリを生み出したナポレオン三世である。

フランス革命当時、パリで飲まれていたワインは近郊のイル・ド・フランス地方の安ワインを水で割ったシロモノで、品質のよいブルゴーニュやボルドーのワインが飲まれていたわけではなかった。当時のワインは、あくまで地方の地酒だったのである。その理由は、輸送手段が発達していなかったことにあった。当時は、乗り合い馬車が唯一の輸送機関だったのである。

一八五二年にルイ・ナポレオン（のちのナポレオン三世）が政権を掌握すると、彼は鉄道建設、銀行・株式会社の育成によってフランス社会を一変させた。一八五二年には、パリとボルドーを結ぶ鉄道が開通する。それまでフランスの内陸部とはほとんど結びついておらず、ワインをロンドンやアムステルダムなどの海外市場に輸出してきたボルドーが、国内最大の消費地パリと鉄道で直接結びついたのである。ワイン樽《だる》を積んだ貨車が大量のワインをパリに運び込んだ。

一八五五年に、ナポレオン三世は国威発揚のためパリ万国博覧会を開催した。その際にナポレオン三世は、各国の元首、外交団をフランスが誇る輸出商品ボルドー・ワインでもてなすことを考え、ボルドーの商工会議所にワインの格づけを依頼した。ワインに箔《はく》をつけようとしたのである。

商工会議所はワイン仲買人組合にその仕事を委《ゆだ》ね、当時の主要銘柄だったメドック地方の赤ワインを一級から五級、ソーテルヌ地方の白ワインを一級、二級に格づけさせた。

ナポレオン三世は最高級の「一級ワイン」でイギリスのヴィクトリア女王をもてなし、フランス国内にボルドー・ワインの素晴しさを周知させた。高級ワインとしてのボルドー・ワインのイメージを、国内外で積極的につくり上げたのである。

一八五七年になると数社の鉄道が合併されてPLM（パリ—リヨン—地中海［メディテラ］）鉄道が発足し、フランス最大のワイン産地のラングドックやルションとパリが直接結びつき、パリの巨大市場に向けて大量の安いワインが運び込まれることになった。そうした変化はまた、ワイン製造を専業とする農家を一挙に増加させることになる。

また、一八六〇年にイギリスとの間に自由貿易に基づく関税協定が結ばれ、イギリス向けのボルドー・ワインの輸出にも弾みがかかった。ボルドー・ワインは、折からの大都市の出現、都市の富裕層の飛躍的増加という現象に乗って世界ブランドとなり、フランスのワイン業界全体をリードした。ナポレオン三世は、ボルドーを先頭とするフランスのワイン産業の基盤を築き上げた立役者だったのである。

高級ワインはイギリスを大得意とした

フランソワ・ゴーティエ『ワインの文化史』によると、一九九〇年に行われた西ヨーロッパ九か国、一万八〇〇〇人を対象とした調査では、日常的にワインを飲む人が三五パーセント、ビールを飲む人が三四パーセントだったという。西ヨーロッパでは、ワイン圏とビール圏が拮抗《きっこう》しているのである。

イタリア、フランス、スペインではワインが優位に立つのに対し、オランダ、イギリスでは、ワインをまったく飲まない人またはたまに飲む人が優位を占めるという。覇権国家として一七世紀にヨーロッパ経済を支配したオランダ、同じく覇権国家として一八、一九世紀のヨーロッパ経済を支配したイギリスは、ともにビール圏に属しているのである。

オランダ、イギリスのブルジョアジー（富裕な市民）は、みずからの社会的ステータスを示す必要もあり、希少で高価なブルゴーニュやボルドーのワイン、ブランデー、シャンパンなどを嗜《たしな》んだ。

たとえば、一九世紀後半のフランスでは、ブドウの作付け面積が減少したにもかかわらず、ワインの生産量は一・八倍に増えている。二〇世紀に入ると、ワインへの混ぜ物などの「不正行為」をなくし、商品価値を高める目的で公的規制が加えられるようになる。一九〇七年には、ワインは「新鮮なブドウまたは新鮮なブドウの果汁をアルコール発酵させてつくる」という法令が出され、農業省が不正の取り締まりに乗り出すようになった。

ソムリエとは

商品としての品質を保証するためにフランスではワインのランクづけがなされ、ボルドー、ブルゴーニュ、ロワール、アルザス、プロヴァンスなどの原産地統制呼称ワイン（AOC）があり、原産地名称制を設けて厳格な審査をしている。しかし、日常的にワインを飲む習慣がないイギリスなどでは、あまりにも複雑過ぎるワインの知識を身につけるのが困難だった。そこで、フランス料理のレストランにはワインについての豊富な知識をもつ「ソムリエ（sommelier）」がおかれ、相談に応じることになる。

「ソムリエ」というのは、もともとは中世の領主が旅行、戦争に出かける際に食料、武器などを運ぶ荷車の御者を意味する古語「ソマリエ（saumalier）」に語源をもつ。そこから転じて、大切な貴重品を保管する金庫番を指すようになり、やがてワイン蔵を管理し、給仕する人を「ソムリエ」と呼ぶようになった。「ソムリエ」は、フランスではレストランのワイン蔵のワインの状態を熟知し、客の注文、要望に応《こた》える役割を果たし、レストランの権威を示す存在になっている。しかし、ワイン圏以外の諸地域では、異文化を紹介する「案内人」の役割を果たしているともいえる。

ボルドー出身のノーベル賞作家モーリアックが、『ある人生の始まり』のなかで、「そもそも、モンテーニュの血とでもいうべきか、（中略）ありもせぬことを信じないことにおいて、（中略）ボルドーの右に出る都会はきわめて稀だろう。（中略）ボルドーの人間はその葡萄酒について（中略）ほとんど間違いをしでかさない。彼らはちょっと鼻をすすり、二、三回舌つづみを打つだけで、葡萄酒の年代や出どころ、適確な値打ちを見抜いてしまう」（南部全司訳）と述べているように、文化は身体に染みついたものであり、異文化としての飲酒文化を身につけるのは、きわめて難しいようである。だからこそ、ソムリエが必要なのだともいえる。

蒸気船がもたらしたワインの危機

しかし、思いがけないことからワイン文化が揺らいでいく。一八六三年に南フランスのアルルに近いブドウ園でブドウの木の葉が枯れて実が熟さない現象が起こり、三年後にはブドウが枯れ尽くしてしまった。原因は、なんとフィロキセラ（phylloxera、ブドウ根アブラムシ）というブドウの根につくアブラムシだった。アブラムシによってブドウの根が食い尽くされてしまったのである。

その後フィロキセラは猛威を振るい、二五年間のうちにヨーロッパの五分の四のブドウ園が全滅してしまった。恐ろしい現象が突然に起こった理由は、「ウドンコ病」というブドウの病気に負けない株をつくるためにアメリカから研究用に輸入した苗木が、フィロキセラというアブラムシを一緒に運んできたことにあった。

アメリカからの苗木の輸入は古くから行われていたが、以前にはそうした事態はまったく起こっていなかった。人々は首を傾げた。しかし、理由は間もなく解明された。一八六〇年代から海上輸送が革命的に変化し、ブドウの苗木の輸送スピードがアップしたことが原因だったのである。帆船が蒸気船に代わり、たった一〇日間で大西洋を横断できるようになったために、元気なフィロキセラがヨーロッパに持ち込まれ、またたく間に蔓延《まんえん》したのである。蒸気機関を利用した鉄道の開通がボルドー・ワインの商品化を進め、蒸気船航路の開通がフィロキセラの流行でブドウを絶滅の危機に陥れるというなんとも皮肉な取り合わせだった。近代文明は、プラスとマイナス、さまざまな影響を人間社会にもたらすのである。それは、現在も変わらない。

ブドウの危機は、ワイン好きのヨーロッパ人を焦らせた。これでは、人生最大の楽しみのひとつが奪われてしまう。必死の試行錯誤が繰り返され、一八八一年にボルドーで開催された国際会議でフィロキセラ対策として有効な、ブドウの樹のイオウ消毒、フィロキセラに免疫をもつアメリカ系ブドウの台木への接ぎ木の方法が有効であることが明らかになり、なんとか危機が回避された。
しかし、今度は新たにブドウのベト病が流行することになり、ボルドーのワインは脅かされ続けることになる。ワイン受難の一九世紀末であった。ベト病に関しては、硫酸銅と生石灰を混ぜ合わせた「ボルドー液」という殺菌剤がつくられて問題は決着した。しかしそうした間に、フランスの三分の一のブドウ畑は失われ、アメリカ系のブドウの台木に接ぎ木しない純粋なヨーロッパ種のブドウは絶滅することになった。細かく考えれば、伝統的なヨーロッパのワインは、この時点でグローバルなワインに変身をとげたともいえるのである。

フランス・ワインの危機は、ワイン業者の国外移出を進めた。ワイン業者が新天地を求めて世界各地に移住したのである。こうした業者の大移動が、スペインのエブロ川上流のリオハ、アメリカのカリフォルニア、チリのセントラル・ヴァレーなどに商品としてのワイン生産がひろがった理由である。

5　ゴッホの人生を破滅に導いた酒アブサン

緑色に輝く安酒

一九世紀に庶民が好んだ酒アブサンは強いアルコール濃度と習慣性があり、アルコール中毒を多発させるとして第一次世界大戦時に姿を消してしまった。今は、幻の酒になってしまったが、一時はヨーロッパで多大の支持を得た大衆酒だったのである。

フランス革命でヨーロッパが揺れ動いていた時期に、スイスのヌーシャテル州のクーベで開発された強いリキュール（甘く、芳香を放つ酒の総称）が「アブサン（Absinthe）」である。ニガヨモギの学名（アルテミシア・アブサンチューム）から名づけられたアブサンは、ニガヨモギ、アニスなどの一五種類のハーブを混ぜ合わせて発酵させた緑色の美しい酒であり、水を加えると白濁した。あるサタン（悪魔）が天国を追われて下界に降りた時に、たまたまある山中の僧院でこの酒を口にし、あまりにも酔い心地がよかったことから、この酒の製法をひろめたという伝説がひろまるほどであった。

アブサンは、アルコール度数が六五度から七九度ときわめて強い酒である。メキシコのテキーラの五〇度、ロシアのウオッカの四〇度から五〇度と比べてみても、アブサンのアルコール度数の高さがわかる。そのために緑色に輝く酒を「生」で飲むことは不可能であり、水で割り白濁させて飲まれた。日本でいう「水割り」の飲み方である。

アブサンは、薬草の製剤で著名だったフランスの医師オルジネールが考え出し、一七九七年に業者のアンリー・ルイ・ペルノーに教え、ペルノーがスイスのクーベでペルノー・フィス社を創設して製造が開始された。ナポレオンがフランス皇帝になった年の翌年（一八〇五）にフランスのポンタリエ市でも醸造が始まり、芳香と見た目の美しさ、値段の安さで広い階層にひろまることになる。現在でも「ペルノー（Pernod）」は、世界的に有名である。

一八四〇年代になると、フランス陸軍は解熱剤あるいは消毒剤として、アフリカの植民地などでアブサンをさかんに利用した。風土病の解熱に用いたり、汚れた水に加えて消毒用としたのである。さしずめオランダ移民とジン、イギリス海軍とラム酒の関係が、フランスの陸軍とアブサンの関係にあたると考えればよいであろう。

アブサンに溺れたヴェルレーヌ

一八六〇年代以降、フランスのブドウ畑に「フィロキセラ（ブドウ根アブラムシ）」が蔓延して、ブドウ畑の四分の三が壊滅するとワインの価格がとてつもなく暴騰した。ワインが高根の花になってしまったのである。そうしたことからアブサンの水割りを愛飲する庶民が急激に増えた。しかし、強い酒アブサンになじむと、割る水の量が次第に減っていくことになる。ついつい、強い酒が常飲されるようになり、アルコール中毒がひろがったのである。

間もなくアブサン常飲者のなかに中毒現象がひろまり、労働意欲の減退、犯罪多発などの社会問題が頻発した。アブサンを愛飲した芸術家としては、モーパッサン、ヴェルレーヌ、ゴーギャン、モネ、ドガ、ピカソ、ヘミングウェーなどが知られているが、繊細な詩人として知られるヴェルレーヌ（一八四四―九六）、酒場を愛し、踊り子の姿や客の様子を好んで描いた画家ロートレック（一八六四―一九〇一）などは、アブサン中毒になって悲惨な生涯を閉じている。ゴッホ（一八五三―九〇）も自画像を描く時に邪魔だとして左耳を切断したり、自殺を図るなどしたが、それもアブサンの常飲により精神に異常をきたしたためとされている。アブサンの常飲で、幻覚を覚えたり、錯乱する者が増え、普通の状態ではとても考えられないような犯罪が続出したのである。

そこでアブサンには習慣性があり、人間の精神活動に異常をきたす原因になるのではないかという疑いが生じ、調査の結果、アブサンの主原料ニガヨモギに含まれる化学物質が人間の神経に有害で中毒症状を促進するという結論が出た。

第一次世界大戦で姿を消すアブサン

第一次世界大戦（一九一四―一八）が始まると、フランス政府はアブサンは国民の精気を奪うものとし、一九一五年三月一日に飲用を禁止した。アブサンが不妊症をもたらし、人口の減少につながると考えたためである。そうしたことから、フランスでは一時飲酒する者が減少していたワインが勢いを盛り返したとされる。スイスでも、国民投票の結果、アブサンの製造が禁止され、イタリアもそれにならった。

現在、アブサンの風味を引き継ぐ酒「パスティス」がつくられており、フランスの国民的アルコール飲料として飲まれている。「パスティス」は、アブサンに「似せてつくる（ス・パスティゼ、se pastiser）」の意味である。たとえばペルノー社は、禁止された生のニガヨモギを使わずに、ニガヨモギの葉とつぼみを陰干しにしたものを使い、四五度と六八度の二種類の「ペルノー」をアブサン類似品として製造、販売している。「ペルノー」は、水を加えると白濁せず、緑色を帯びた黄色に変わるという特色がある。

6　アル・カポネの暗躍を生んだ禁酒法

酒のない「黄金の二〇年代」

第一次世界大戦は戦場となったヨーロッパを没落させ、漁夫の利を得たアメリカ合衆国は世界最大の「債権国」になった。「アメリカの時代（パックス・アメリカーナ）」の始まりである。「黄金の二〇年代」といわれる経済的繁栄を背景に、安価なT型フォードが普及して国民の五人に一人が所有するようになった自動車や、家庭電化、ハリウッド映画とジャズ、プロ・スポーツを放送するラジオが人々の生活を一変させた。この時代のアメリカ人は、自分たちこそが理屈のうえだけの民主主義ではなく、誰でもが必要なモノを手に入れることのできる経済的民主主義を実現したのだと自負した。「アメリカン・ウエイ・オブ・ライフ」と呼ばれる、大量生産・大量消費からなる大衆消費社会が姿を現したのである。

しかし、視点を変えれば「激動の二〇年代（ローリング・トゥエンティーズ）」という言葉があるように、大衆消費社会が生み出された時代は一九二九年の世界恐慌につながる波乱に満ちた時代でもあった。その二〇年代は、一九一九年に成立したアルコール度数〇・五パーセント以上の酒類の飲酒を禁止する禁酒法（一九一九－三三）が施行され、建前上アメリカでは酒のない時代だったのである。

禁酒法成立の先頭に立ったのは、アングロ・サクソン系のプロテスタントを中心とする「全国禁酒党」であった。彼らは、これで「酒のない」道徳的なアメリカが実現できると夢想した。空前の好景気に沸き立ち、モノにあふれる大量消費時代のアメリカで、一九二〇年から三三年までの一四年間にわたり飲酒が禁じられたというのだから面白い現象である。建前上は、アルコール飲料抜きの繁栄だったのである。しかし大衆は酒を求め、酒を供給するアウトローの世界が一挙に肥大化した。禁酒と大量消費社会のミス・マッチが、多くの逸話を生み出すのである。

もぐり酒場と「ライオンの小便」

第一次世界大戦中に、多くの女性が加わった「全国禁酒党」という結社を中心とする「酒場反対期成同盟」は「酒こそがすべての悪徳の根源」というスローガンを掲げて禁酒運動を展開し、一九一九年一月に憲法修正第一八条が連邦議会で採択された。「酒類の製造、販売、運搬」が禁止されてしまったのである。一〇月には全国禁酒法があっさりと議会を通過する。

しかし、この法律はまったくのザル法だった。一九二〇年一月に全国禁酒法が実施に移された当時の取締官はわずかに全国で一五二〇人しかおらず、法律発効以前に買い溜《だ》めておいた酒は、取り締まりの対象にならないとされたのである。

そこで、「夜の市長」というあだ名をつけられたアル・カポネ（一八九九―一九四七、本名はアルフォンソ、頬にナイフの傷痕《きずあと》があったことからスカーフェース〔向こう傷〕のあだ名もあった）などのマフィアが、酒の密造、もぐり酒場（スピークイージー）の経営で暗躍し、警察やFBIとの間で熾烈《しれつ》な抗争を繰り広げることになる。経済が空前の活況を呈する時代に酒は不可欠である。禁酒法が施行される前のニューヨークの酒場は一万五〇〇〇軒にすぎなかったのに対して、実施中には三万五〇〇〇軒の「もぐり酒場」が生まれるという奇妙な状況が生じたのもそのためである。駄目だといわれると逆に飲みたくなるのが人間の常だが、そうした奇妙な状態がアメリカ中にひろがったのである。年間、ハードリカー（高アルコールの酒）が二億ガロン、ビールなどのソフトリカーが六億八〇〇〇万ガロン、ワインが一億二〇〇〇万ガロンも密《ひそ》かに飲まれたのではないかと推測されている。

マフィアのボスとして名をなしたアル・カポネは、シカゴのギャング、ジョニー・トリオから酒の密造・密売、賭博《とばく》、売春の組織を引き継ぎ、暗黒街の支配者となった。彼は七〇〇人の子分を擁し、一六一か所での「もぐり酒場の経営」、墓場などでの「ライオンの小便」と名づけた悪質な密造酒の製造、カナダからの高級ウイスキーの密輸などに携わり、一九二七年だけで一億五〇〇〇万ドルもの収入を得た。

アル・カポネは、議員、裁判官、警察を買収して利権の独占をはかり、機関銃やピストルを使ったギャング同士の派手な抗争を繰り返した。「聖バレンタインデーの虐殺」が起こった一九二九年だけで、抗争により五〇〇人ものギャングが命を落としたとされる。この年は世界恐慌が勃発《ぼっぱつ》した年でもあった。やがてアル・カポネは逮捕され、一九三一年に脱税の罪で一一年の刑を宣告された。一九三九年に仮釈放された時には、梅毒で身体の自由がきかなくなっていたといわれる。

禁酒法は、世界恐慌後のすっかり意気消沈してしまったアメリカ人を元気づける必要があるとの判断から、一九三三年にフランクリン・ルーズヴェルト大統領（任一九三三―四五）の手で葬り去られた。

巨大ウイスキー市場を狙え

一九三三年、連邦議会は禁酒を規定した憲法修正第一八条を無効とする憲法修正第二一条を可決し、一二月五日ルーズヴェルト大統領の手で全国禁酒法は廃止された。一三年一〇か月一九日間の「酒なし時代」にピリオドが打たれたのである。酒の生産を停止していたアメリカは、酒造業者にとって垂涎《すいぜん》の的の巨大市場になった。ウイスキーの熟成には一定の年数が必要であり、アメリカにウイスキー産業が育つまでにはかなりの年数がかかる。

禁酒法の廃止を心待ちしていたのがカナダの業者だった。禁酒法時代にアメリカに対するウイスキーの供給基地として、実質的にアメリカの巨大市場を制覇していたのはカナダの酒造業者たちだったのである。これからは堂々と商売ができるというわけである。「カナディアン・ウイスキー」は、イギリス植民地カナダで穀物の過剰生産に困った製粉業者が、蒸留に乗り出したのが最初だった。その後、水が豊富な湖の辺などの醸造所で細々と製造を続けて来たカナディアン・ウイスキーにとって天佑《てんゆう》になったのが、先に述べた陸続きの大国アメリカでの禁酒法の施行だった。二〇年代はアメリカの建国以来の好況期である。カナダのウイスキー業界はアメリカの非合法な大量の需要を受け止め、飛躍的な成長をとげたのである。カナディアン・ウイスキーの代表格がカナディアン・クラブ（略称C・C）だった。

いよいよ禁酒法が廃止されそうだ。カナダの酒造業者は奮い立った。アメリカのウイスキー産業が復興する前に、いち早く巨大市場を押さえてしまおうとしたのである。そうした業者の一人がジョセフ・E・シーグラムだった。彼は禁酒法の廃止を予見しており、三四年の秋に「シーグラム・セブン・クラウン」というライト・タイプのウイスキーをアメリカで売り出した。アルコールに飢えていたアメリカ人は、このウイスキーに飛びつき、その味に慣らされてしまう。そのためかどうか、現在にいたるまで「シーグラム・セブン・クラウン」はアメリカで広く愛飲されるウイスキーになっている。

アメリカに乗り込んだ名船カティ・サーク

イギリスの「スコッチ」のほうも負けていられなかった。ロンドンのウイスキー製造業者フランシス・ベリーも好機にうまく乗った勝組である。彼はアメリカ人好みのライト・タイプのウイスキーをブレンドし、友人の画家マックベイに書いてもらった手書きの帆船の黄色いラベルを貼って、「カティ・サーク」とし売り込みに成功した。「カティ・サーク」は、現在でもアメリカでは、「J&B」「ブラック・アンド・ホワイト」とともに三本の指に入る代表的ウイスキーである。

ラベルとして用いられたカティ・サークは、中国から紅茶を輸送する快速帆船（ティー・クリッパー）だった。一刻も早く空白のアメリカ市場にウイスキーを運びたいという思いが、フランシス・ベリーにこの図柄を思いつかせたのかもしれない。カティ・サークについて簡単に触れてみよう。

一八四二年にアヘン戦争に勝利したイギリスは、大量のアヘンを公然と中国に持ち込み、紅茶を輸入するようになった。中国からの紅茶の運搬に携わる木造帆船を「ティー・クリッパー」という。毎年、新しい紅茶が出る時期になると、それを最初に運搬すれば、新茶を待ち焦がれているイギリスで高値で売れた。そのために、商人はシーズンの先端を切って紅茶を輸送した帆船に多くの賞金を出し、ティー・クリッパーの間では激しい競争が展開された。

一八六六年には、福建を出港した一七隻のクリッパー船が競争に加わり、そのうち三隻が九九日間を平均七ノット（一ノットは一・八五キロ／時）で福建とロンドンの間を走破した。帆船が出しうる最高速度が一四、一五ノットなので、驚異的ともいえるスピードだった。「カティ・サーク号」は「海の貴婦人」ともいわれ、全長約八五メートル、幅約九メートルのうっとりするほどスマートな船である。船名の由来は、スコットランドの民話に登場する魔女ナニーの「短い下着（スコットランドのゲール語でCutty Sark）」からきている。

7　グローバル化する社会とカクテル文化

グローバル時代の新発想

二〇世紀は、二つの世界大戦を経過するなかでアメリカ合衆国の圧倒的な優位が確立された時代だった。アメリカ合衆国のイニシアチブのもとで、七〇年代以降ハイ・テク革命が進められ、情報革命、ジェット機ネットワークの形成、コンテナ革命、経済の世界化などの複合によるグローバリゼーションが進んだ。地球規模で、多数の文化、文明がより合わされていく。酒文化も例外ではなかった。輸送機関の発達で、世界の多様な酒が簡単に手に入るようになる。そうした時代をリードしたアメリカにより、カクテル（cocktail）という飲酒文化が生み出され普及していった。

カクテルは、一八世紀以降にアメリカで始まった酒の飲み方で、第一次世界大戦後に世界化した。カクテルは、ウイスキー、ジン、ウオッカなどのアルコール濃度の強い酒に、ほかの酒、リキュール、果汁、シロップ、卵、ジュースなどを加え、シェーカーで攪拌《かくはん》して種々のバランスを生み出し、多様な組み合わせを楽しむ酒の飲み方である。脚のついたカクテルグラスに注がれて、あまり時間をかけずにすぐに飲む「ショート・カクテル（ショート・ドリンク）」と、大型のグラスに注がれて氷を入れて長い間冷たさを持続させたり、熱さを保つ「ロング・カクテル（ロング・ドリンク）」の二つの種類に分けられる。

カクテルは異なる背景をもつ世界各地の酒や飲料を混合して攪拌し、今までにない味と香りをつくり出すのだが、その発想は合理性と人工性が強いアメリカの文化的風土とマッチしていた。カクテルは、いうなれば酒の料理化であり、遊びの入った酒文化である。「サラダボウル」のように種々の異文化が併存し、多くの酒文化が混じり合う移民の国アメリカならではの飲酒法といえるかもしれない。

それぞれの酒が素材として混ぜ合わされることで各地の酒文化の相対化が進み、異なる酒文化の接点にカクテルという新しい世界がひろがっていく。グローバリゼーションを象徴するような酒の飲み方により多種多様のアルコール飲料がつくり出されたが、じっくりと酒を味わう深みのある飲酒からはそれてしまう。モノは常に多面的であり、長所があれば短所もあるものである。ちなみに現在カクテルは、ウオッカ、ジン、テキーラ、ウイスキー、ラム、ブランデー、リキュール、ワイン、ビール、焼酎《しょうちゅう》などをベースにしてつくられている。食材、調味料などを組み合わせる「料理」と同じ発想なので、それぞれのセンスを生かした無数のカクテルが生み出されることになる。現在のカクテルの種類は、名を同じくするものが二〇〇〇種類、細かく数えると二万種類におよぶともいわれるが、新しい着想のもとに日々新しいカクテルが誕生している。

カクテル誕生の謎

カクテルの起源には諸説があり、実際のところ何が起源なのかはよくわかっていない。しかし、一八世紀頃に誕生した酒の飲み方であることだけは間違いがなさそうである。カクテル誕生を物語る説明のうちのいくつかを紹介してみる。

ひとつの説は、カクテルの誕生は九年間におよぶアメリカ独立戦争（一七七五―八三）に結びつくとする。独立戦争時、アメリカ軍のバージニア騎兵隊に所属していたアイルランド人の青年パトリック・フラナガンが不慮の戦死をとげた。残された若い妻ベッチーは、一七七九年に騎兵隊がウインチェスターに移動した時にそこで酒場を開き、各種の酒を調合して兵士たちに安く飲ませ、士気を鼓舞したという。

ある時、ベッチーは独立に反対する王党派の家に忍び込み、主人が大切に育てていた尾の美しい雄鶏を盗み出して調理し、兵士たちに振る舞った。食事を終えた兵士が酒場に入ったとき、酒を調合するビンに、兵士たちが見慣れていた雄鶏の尾（コック・テール）の羽根が飾られているのを見て、兵士たちは自分たちが王党派の地主の雄鶏を食べたことを悟る。兵士たちは、王党派の地主の自慢の鶏肉を肴《さかな》に、混合酒を飲んだことで溜飲《りゅういん》を下げたのである。カクテルは、独立戦争で戦う兵士たちを鼓舞する酒になったのだという。アメリカ合衆国の誕生と結びつけられたこのカクテルの起源話は、少し恰好《かっこう》がよすぎるかもしれない。

もうひとつの説は、一八世紀後半にハイチ島東部のサン・ドミンゴで住民の反乱が起こった際に、ミシシッピー川河口の港町ニューオルリンズに移住してきた酒屋が卵黄入りの飲みもの、つまり卵酒を売り出し、それが評判を呼んでカクテルになったとする説である。ニューオルリンズは、「新しいオルレアン市」の意味で、フランス領アメリカの初代総督になったオルレアン公にちなんだ都市名である。ニューオルリンズは、フランス人が大部分を占める都市だったが、住民は卵酒をフランス語で「コクチェー（coquetier）」と呼び、愛飲していた。その卵酒が訛《なま》って、カクテルになったという説である。

またアステカ帝国に起源を求める説もある。つまり一五一九年頃、メキシコ高原のアステカ帝国の王に、先住民トルテカ人が珍しい混成飲料をつくり、美女コキトルを通じて献上したところ大変に評判がよく、以後その娘の名をとって混成飲料を「コキトル」と呼ぶようになったという説である。

もっともらしいつくり話は別にして、もっとも有力なのはミックスドリンクをつくる時に使われた木の枝が雄鶏の尾に似ていたという単純な説明であるが、それではあまり面白くない。

実際のところカクテルのヒントは、一七世紀にインドの王侯の間に生まれ、一八世紀にヨーロッパの社交界にひろまったポンチにあったのではないかと考えられている。ポンチの語源はヒンディ語の「パーンチ」で「五つの」という意味である。つまり、水、砂糖、酒、ライムの果汁、スパイスの五種類の材料を組み合わせてつくった飲みものであった。のちにはそれに種々の果物を加える一方でアルコールを除き、フルーツ・ポンチというデザートになった。しかし、フルーツ・ポンチも最初はアルコール飲料だったのである。ポンチの特色は、酒に砂糖、果汁、スパイスなどを組み合わせ、アルコール飲料の「味」をつくることにあった。いってみれば、料理の手法を酒の世界に持ち込んだのである。そうした飲酒法は、酒文化のグローバル化と方向が合致しており、移民の国アメリカで発達をとげることになったとみなしうるのではないだろうか。

コールド・カクテルの誕生

南北戦争の最中にリンカーン大統領が出した自作農創設法（ホームステッド法）により、五年間西部の開墾に従事する者に無償で一六〇エーカー（約二〇万坪）の土地を供与することになり、戦後膨大な数の移民がヨーロッパ各地からアメリカに押し寄せた。アメリカは急激に膨張し、多くの飲酒文化が混じり合っていく。多様な酒がミックスされて多くの複合酒がつくられる際に重要な条件になったのが、製氷技術の進歩だった。

冷えたカクテル（コールド・カクテル）がつくられたのは、アメリカが急激に膨張した一九世紀後半のことである。ミュンヘン工業大学教授カール・フォン・リンデ（一八四二－一九三四）が、アンモニア高圧冷凍機の研究を実用化し、一八七九年に人工製氷機を発明する。四季を通じて、安価な氷が利用できるようになったのである。しかし、まだ果物のジュースは、大量生産されてはいなかった。

一九世紀末のフランスではアブサンが支配的であり、カクテルが普及したのは主に新興国のアメリカだった。固有の飲酒文化をもたず、多くの民族が入り混じった移民国家アメリカは酒に対して寛容であり、既存のアルコール飲料を組み合わせて新しい飲みものをつくったり、新しい飲み方を工夫するのに熱心だったのである。しかし、ジュースの普及が十分ではなく、マンハッタン、マティーニというように酒だけでつくるカクテルが、女王と王の地位を占めていた。

第一次世界大戦がカクテルを世界化した

第一次世界大戦は、大戦末期になされたアメリカ軍のヨーロッパ参戦により決着をみた。ヨーロッパに派遣された多くのアメリカ軍兵士が、カクテル文化をヨーロッパ各地にひろめたのである。またアメリカで禁酒法が成立すると、多くのバーテンダーが職を求めてヨーロッパに渡り、アメリカン・スタイルの飲酒文化をヨーロッパにひろめた。当時、アメリカではラジオ・ネットワークが急速に普及し、ジャズが流行していたが、そうしたアメリカの大衆消費文化とともに、アメリカの飲酒文化がヨーロッパにひろがったのである。

また「総力戦」の第一次世界大戦は銃後の武器生産を女性に依存せざるをえず、戦後には女性の社会進出が実現して酒場にも出向くようになった。ソフトなイメージをもつカクテル飲料への需要が高まったのである。

また禁酒法下のアメリカでは、官憲の目を逃れて、地下のモグリ営業の酒場でひっそりとカクテルを楽しんだり、家庭に本棚そっくりのカクテル・ツール（ホーム・バー）がしつらえられ、家庭で密《ひそ》かにカクテルが楽しまれたりした。

第二次世界大戦後になると、酒文化の地球規模での交流がいっそう進むことでカクテルは多様化し、ジュース、リキュール、果物などを巧みに利用したアルコール度数の低いカクテルが多く誕生することになる。

カクテルを代表したマンハッタンとマティーニ

ウイスキーにスイート・ベルモット、アンゴステュラビターズを混ぜ合わせ、赤いチェリーを沈めた「マンハッタン」は、アメリカ人が好むカクテルである。マンハッタンは、第一九代大統領の選挙の後援会がニューヨークのマンハッタン・クラブで開催された時に、チャーチル元首相の母親のアイデアで供されたカクテルだとされている。

喧噪《けんそう》とまばゆいビジネス・チャンスにみちあふれたニューヨークは、アメリカ人にとってアメリカン・ドリームにつながる「栄光の都」であり、その中心が世界の「カネ」の三分の二が集まり、世界中に投資される世界金融センターがあるマンハッタン島である。そうしたイメージもあって、このカクテルがアメリカ人の好みに合致したのであろう。

マンハッタンが「カクテルの女王」といわれるのに対して、「カクテルの王」といわれるのがマティーニ（martini）である。ジンとベルモットを混ぜ合わせたカクテルは、その普及につとめたイタリアのベルモット会社のマルティニ・ロッシの名に由来するともいわれ、マティーニ・アンド・ヘンリーという銃メーカーが製造し、イギリス軍が使っていた強力なライフル銃の名に由来するとも、金鉱掘りの求めに応じてカリフォルニア州のマティネスという町の酒場のバーテンダーがつくったことによるともいわれるが、はっきりしたことは不明である。

禁酒法を廃止したルーズヴェルト大統領（任一九三三—四五）は、マティーニの大の愛好家だった。ルーズヴェルト大統領と結びつくことで、マティーニはパワー・カクテルとしての地位を確立し、「カクテルの王」となったのである。世界中に二五〇以上のレシピがあるといわれるから大変なものである。

一九四三年のテヘラン会談の際にルーズヴェルトは、自分が愛好するマティーニをソ連のスターリンとイギリスの首相チャーチルに振る舞った。その時に感想を聞かれたスターリンが、「うまいが、腹が冷える」と答えたのは有名な話である。

冷たい食文化と連動する冷たい酒文化

第二次世界大戦後になると、地球規模で酒文化の交流が進んでカクテルは多様化の一途をたどり、ジュース、リキュール、果物などを巧みに利用したアルコール度数の低いカクテルが冷たい氷と結びついて多数誕生することになる。冷たく冷やして飲む、ジュースや清涼飲料水など甘みのある冷たい飲みものが大量に出回ったこと、焼酎《しょうちゅう》などの世界各地のローカルな酒が世界化したことも、カクテルの枠組みを著しく拡大した。現在も世界各地で新しいカクテルが続々と生み出されつつあり、その数はじつに二万種類以上におよぶといわれる。モノ、ヒト、カネ、情報の地球規模の移動が進むグローバリゼーションのなかで酒文化の世界規模の交流が急速に進み、酒文化も新たなレベルに到達しつつある。

二〇世紀後半以後、冷蔵庫を端末とするコールド・チェーンの普及で冷蔵・冷凍化された食材が地球規模で回転する「冷たい食文化」が一世を風靡《ふうび》している。酒を冷やして飲む傾向が強まり、カクテルにみられるような異種の酒の組み合わせがさかんに行われる時代の風潮も、食の変化と軌を一にしているように思われる。酒の世界でも、急激にグローバル化が進んでいるのである。

かくして、バーのカウンターの前にひろがる酒棚の整理は、一応終わった。多様なラベルを貼った酒ビンは、あたかも世界地図を描き出すように整然と肩を並べている。異質な存在の共存である。人類の歩みは、こんな時間にこんな場所でも確認できるのだとつくづく思った。

参考文献

秋山裕一『日本酒』岩波新書　一九九四年
アブー・ヌワース　塙治夫訳『アラブ飲酒詩選』岩波文庫　一九八八年
アンドレーア・アロマティコ　種村季弘監修『錬金術』創元社　一九九七年
稲保幸『世界酒大事典』柴田書店　一九九五年
井上宗和『コニャック』角川書店　一九八九年
井上宗和『スコッチ・ウイスキー』角川書店　一九九〇年
おおぜきあきら『洋酒を読む本―蒸留酒篇』ビジネス教育出版社　一九九五年
大槻真一郎編著『記号・図説錬金術事典』同学社　一九九六年
岡本勝『禁酒法―「酒のない社会」の実験』講談社現代新書　一九九六年
ガレス・ロバーツ　目羅公和訳『錬金術大全』東洋書林　一九九九年
キリンビール株式会社編『ビールのうまさをさぐる』裳華房　一九九〇年
窪寺紘一『酒の民俗文化誌』世界聖典刊行協会　一九九八年
蔵持不三也『ワインの民族誌』筑摩書房　一九八八年
小泉武夫『酒の話』講談社現代新書　一九八二年
小泉武夫他編著『酒学入門』講談社　一九九八年
小泉武夫『酒に謎あり』日経ビジネス人文庫　二〇〇四年

坂口謹一郎『世界の酒』岩波新書　一九五七年
坂口謹一郎『古酒新酒』講談社文庫　一九七八年
住江金之『世界の酒』ひかりのくに昭和出版　一九六三年
関根彰『世界のスピリッツ焼酎』技報堂出版　二〇〇五年
セルジュ・ユタン　有田忠郎訳『錬金術』文庫クセジュ　一九七二年
玉村豊男・吉田集而編『酒がSAKIと呼ばれる日』世界文化社　二〇〇一年
チャールズ・シューマン　福西英三監訳『シューマン　バー・ブック』河出書房新社　二〇〇二年
外池良三『世界の酒日本の酒ものしり事典』東京堂出版　二〇〇五年
鳥山國士他編著『ビールのはなし』技報堂出版　一九九四年
ヒュー・ジョンソン　小林章夫訳『ワイン物語―芳醇な味と香りの世界史』(上)(下) 日本放送出版協会　一九九〇年
福西英三『リキュールブック』柴田書店　一九九七年
福西英三『リキュールの世界』河出書房新社　二〇〇〇年
藤本義一『洋酒こぼれ話』文春文庫　一九八七年
藤本義一『ワインと洋酒のこぼれ話』第三書館　一九九九年
双神酔水『スコッチ・ウイスキー雑学ノート』ダイヤモンド社　一九九九年
ホームヤード　大沼正則監訳『錬金術の歴史』朝倉書店　一九九六年
宮崎正勝『ジパング伝説』中公新書　二〇〇〇年
村上満『ビール世界史紀行―ビール通のための15章』東洋経済新報社　二〇〇〇年
蒙紹栄他『歴史上的煉丹術』上海科技教育出版社　一九九五年

森護『スコッチ・ウィスキー物語』大修館書店　一九九〇年
山本博『ワインが語るフランスの歴史』白水社　二〇〇三年
山本紀夫・吉田集而編著『酒づくりの民族誌』八坂書房　一九九五年
吉澤淑編『酒の科学』朝倉書店　一九九五年
吉田集而『東方アジアの酒の起源』ドメス出版　一九九三年
ロジェ・ディオン　福田育弘訳『ワインと風土―歴史地理学的考察』人文書院　一九九七年
渡辺純『ビール大全』文藝春秋　二〇〇一年

*本稿は、文庫書き下ろしです。